El Buddha: La Vaciedad del Corazón.

Dhamma Buddha

Published by Dhamma Buddha, 2024.

While every precaution has been taken in the preparation of this book, the publisher assumes no responsibility for errors or omissions, or for damages resulting from the use of the information contained herein.

EL BUDDHA: LA VACIEDAD DEL CORAZÓN.

First edition. August 2, 2024.

ISBN: 979-8227805676

Written by Dhamma Buddha.

Tabla de Contenido

En un abrir y cerrar de ojos

NUESTRO AMADO MAESTRO, DAIO DIJO A GENCHU:

DESDE LA ANTIGÜEDAD, LOS ANTEPASADOS ILUMINADOS QUE APARECÍAN EN EL MUNDO SE BASABAN ÚNICAMENTE EN SU PROPIA EXPERIENCIA FUNDAMENTAL PARA REVELARNOS ALGO DE LO QUE TENEMOS DELANTE: ASÍ LOS VEMOS GOLPEANDO SILLAS Y LEVANTANDO BATIDORES, GOLPEANDO EL SUELO Y BLANDIENDO PALOS, TOCANDO UN TAMBOR O HACIENDO RODAR PELOTAS...

CONTINUÓ DAIO:

AUNQUE ASÍ SEA, EMINENTE GENCHU, USTED HA VIAJADO POR TODAS PARTES Y HA PASADO MUCHO TIEMPO EN MONASTERIOS. NO SE PREOCUPE POR LOS DÍAS DEL CALENDARIO TAN ANTIGUOS COMO LOS QUE HE MENCIONADO -SÓLO SIGA EL CAMINO VIVO QUE VE POR SU CUENTA; HACIA EL ESTE, HACIA EL OESTE, COMO UN HALCÓN SURCANDO LOS CIELOS. EN UN ABRIR Y CERRAR DE OJOS CRUZA AL OTRO LADO.

EN OTRA OCASIÓN DAIO LE DIJO A KUSHO:

LA CAUSA Y LAS CONDICIONES DE LA ÚNICA GRAN PREOCUPACIÓN DE LOS ILUMINADOS NO SON AJENAS A VUESTROS ASUNTOS COTIDIANOS. NO HAY DIFERENCIA ENTRE AQUÍ Y ALLÁ. IMPREGNA EL

PASADO Y EL PRESENTE, BRILLANDO A TRAVÉS DE LOS CIELOS, REFLEJÁNDOSE EN LA TIERRA.

POR ESO SE DICE QUE TODO EN LOS ÚLTIMOS EONES MIRÍADAS ES CORRECTO EN EL PRESENTE.

VALORAMOS EL GRAN ESPÍRITU DE UN HÉROE SÓLO EN LOS AFECTADOS.

ANTES DE QUE CUALQUIER SIGNO SE HAGA DISTINTO, ANTES DE QUE CUALQUIER ILUSTRACIÓN SEA EVIDENTE, CONCÉNTRATE FEROZMENTE, MIRANDO, BUSCANDO, YENDO O VINIENDO, HASTA QUE TU ESFUERZO ESTÉ COMPLETAMENTE MADURO.

EN EL MOMENTO DE UN PENSAMIENTO, ALCANZAS LA UNIÓN. LA MENTE DEL NACIMIENTO Y LA MUERTE SE DESTRUYE Y, DE REPENTE, VES CLARAMENTE TU APARIENCIA ORIGINAL, LA ESCENA DE TU TIERRA NATAL; CADA PARTICULAR CLARAMENTE DEFINIDO. ENTONCES VES Y OYES COMO LO HACÍAN LOS BUDAS, CONOCES Y ACTÚAS COMO LO HACÍAN LOS ANTEPASADOS ILUMINADOS.

Maneesha, el que está interesado en saber quién es tiene dos caminos abiertos. Uno es el camino del conocimiento: leer las escrituras, estudiar a los viejos eruditos, recopilar tantos conceptos sobre el propio ser como sea posible. Es el camino más barato. No habría nada de malo si sólo fuera que es más barato, pero también es erróneo.

La segunda forma es no preocuparse por los demás. Por muy valiosas que sean esas escrituras, no pueden darte ni un solo atisbo de tu naturaleza fundamental. Mil budas juntos no pueden obligarte a convertirte en un buda.

Es tu derecho esencial conocer tu naturaleza fundamental o no conocerla. No puedes ser forzado por los profesores, por los padres. Sí, pueden forzarte al conocimiento, pueden forzarte a las ideologías. Te imponen la religión, sin comprender que si estás lleno de ideologías te quedas casi lisiado, impedido de conocer tu propia naturaleza.

Estás tan cargado de conocimientos prestados que no puedes viajar a las montañas más altas. Tienes que soltar todo tu peso. A medida que subes, incluso respirar se vuelve difícil; incluso llevar la ropa puesta se vuelve difícil. Tienes que soltar todo el peso, tienes que volverte ingrávido.

Lo que es cierto en el alpinismo también lo es en el mundo interior de la conciencia. Si quieres entrar, tendrás que cortar de un solo golpe todo el conocimiento que se te ha dado. ¡Quémalo! Es mejor ser ignorante en el camino—porque al menos la ignorancia es inocencia—que ser conocedor.

Conocer es el mayor obstáculo para conocer, porque piensas como si ya supieras. Pero no hay "como si" en la existencia. O lo sabes o no lo sabes.

Y no hay forma de comunicarlo con palabras; todas las palabras serán malinterpretadas. Sólo la presencia de un maestro vivo, un silencio sin palabras, puede tal vez convertirse en un vislumbre, en un punto desencadenante en ti. No lo hace el maestro; sucede en tu receptividad, en tu apertura. Algo hace clic. No hay otra palabra que pueda sustituir a la palabra "clic".

Daio le está diciendo a Genchu:

DESDE LA ANTIGÜEDAD, LOS ANTEPASADOS ILUMINADOS QUE APARECÍAN EN EL MUNDO SE BASABAN ÚNICAMENTE EN SU PROPIA EXPERIENCIA FUNDAMENTAL PARA REVELARNOS ALGO DE LO QUE TENEMOS ANTE NOSOTROS...

Los que han conocido... su dificultad es la de la comunicación. Conoces el sabor de la sal, pero no puedes transmitirlo a través del lenguaje. El lenguaje tiene limitaciones, y la experiencia de tu naturaleza fundamental es de lo ilimitado. Llevar lo ilimitado a las limitaciones del lenguaje es una tarea tremendamente arriesgada. Aunque se haga con absoluta exactitud, va a fracasar. Viendo esto, los antiguos maestros no han confiado en las escrituras, ni siquiera han confiado en el lenguaje. Ellos son su propia autoridad; no importa si todas las escrituras del mundo dicen otra cosa. Ellos conocen el sabor de la verdad.

Su autoridad no se deriva de su erudición; ellos son la autoridad en sí mismos.

Trae un problema, porque no pueden usar las escrituras; no pueden usar los medios ordinarios de comunicación. Por lo tanto, utilizaban cualquier cosa que tuvieran delante.

... ASÍ QUE LOS VEMOS GOLPEANDO SILLAS Y LEVANTANDO BATIDORES, GOLPEANDO EL SUELO Y BLANDIENDO PALOS, GOLPEANDO UN TAMBOR O HACIENDO RODAR PELOTAS...

Cualquier cosa, con tal de despertarte. Porque la cuestión no es enseñarte una comprensión filosófica; la cuestión es el despertar existencial.

Cuando por primera vez Occidente conoció a los maestros zen, pensó: "¡Esta gente está completamente loca! ¿Alguien pregunta por la verdad y le pegan?".

Evidentemente, parecía una locura... ¡y más aún porque la persona a la que se golpea, muy agradecida, se inclina y te toca los pies! Occidente estaba completamente perplejo.

Cuando se empezaron a traducir por primera vez los libros de Zen, los filósofos occidentales se daban de cabezazos. Nunca habían oído decir que, al abofetear a un hombre que hace una pregunta, se le está respondiendo. No tenían ni idea de lo que implicaba este golpe o bofetada. Un maestro zen llegó a arrojar al suelo a un hombre desde la ventana de un segundo piso.

El hombre había venido a preguntar: "¿Qué es la verdad?". El maestro no sólo le dio quebraderos de cabeza, sino que se le echó encima y le preguntó: "¿Lo entiendes? "Y el pobre tuvo que decir: "Sí, maestro".

Este tipo de incidente era absolutamente desconocido fuera de la tradición Zen. Pero hay que entenderlo, lo que implica. Cuando un maestro zen golpea, está diciendo: "Tú eres la verdad, ¿y preguntas por ella? ¿Estás de broma? ¿Eres el Buda y preguntas qué es el Buda?". Al golpearte te está diciendo simplemente: "Mírate a ti mismo, en lugar de preguntar como un mendigo de un lugar a otro. Entra y mira". Su golpe es un shock; en ese shock tal vez tu pensamiento se detenga, hay todas las posibilidades. No esperabas un golpe; habías venido con profunda humildad, tocando los pies del maestro....

Y a veces ha ocurrido que la persona ni siquiera ha hecho la pregunta y el maestro le ha pegado, porque su sola venida y tocar los pies significa que tiene alguna pregunta que hacer. No importa qué pregunta, ¡mereces un buen golpe! Te esta devolviendo a ti mismo; te esta diciendo de una manera existencial que tu eres la respuesta—no la busques en ninguna parte.

Al no tener otra forma de comunicarse, idearon cualquier cosa que pudiera despertarte, lanzarte sobre ti mismo. Hacer una pregunta significa responsabilizar al maestro para que te responda. Pero su respuesta no puede ser tu respuesta.

La respuesta de los demás no puede ser tu respuesta. Tu respuesta tiene que crecer dentro de ti, igual que crece una rosa. Eso es lo que el maestro está diciendo al golpearte: No vayas a ninguna parte, entra; deja de preguntar, deja de mendigar, porque ya estás en el reino de los budas pero no has mirado dentro. Tal vez un buen golpe, tal vez el maestro arrojando al discípulo desde la ventana pueda despertarle de su estado sonambúlico -el estado en el que todos estamos... medio dormidos, medio despiertos, sólo al mínimo despiertos.

La mayor parte de nuestro ser está profundamente dormida. Según los psicólogos modernos, sólo una parte de cada diez está despierta; las nueve décimas partes están profundamente dormidas. Con tanto sueño dentro de ti, es imposible conocer la verdad, conocer el amor, conocer la naturaleza de la existencia.

Daio está diciendo que estos antiguos maestros tenían que recurrir a métodos extraños, pero había simplemente una razón: despertarte de alguna manera.

CONTINUÓ DAIO:

AUNQUE ASÍ SEA, EMINENTE GENCHU, HAS VIAJADO POR TODAS PARTES Y PASADO MUCHO TIEMPO EN MONASTERIOS. NO TE PREOCUPES POR LOS DIAS DEL CALENDARIO TAN ANTIGUOS COMO LOS QUE HE MENCIONADO... SIMPLEMENTE SIGUE EL CAMINO VIVO QUE VEAS POR TI MISMO.

Está diciendo que todos los viejos maestros, los budas y los patriarcas son viejos calendarios, no te preocupes por ellos. Sigue la corriente viva que ves con tus propios ojos, sin creencias ni fe, simplemente sé claro. El Zen requiere del discípulo una claridad, una inteligencia, una conciencia, que no han sido requeridas por ninguna otra religión en el mundo o por ninguna otra filosofía en el mundo. Su exigencia es absoluta.

Daio dice: "No te preocupes por calendarios tan viejos. SÓLO VE POR EL CAMINO VIVO, desde donde surge tu vida". Desde cualquier punto que surja tu vida, ese es el camino vivo. No está fuera de ti. Tienes que cavar profundamente dentro de ti para encontrar las raíces y el camino que te conecta con la existencia universal. Es simplemente un asunto interno.

SÓLO VE POR EL CAMINO VIVO QUE VEAS POR TI MISMO—no me preguntes a mí y no le preguntes a nadie más cuál es el camino vivo. Cierra los ojos y comprueba por ti mismo cuál es el camino vivo. Estás vivo, eso es seguro, lo demuestran tus preguntas. Respiras. Cierra los ojos y descubre dónde se unen todas estas ramas al tronco, y dónde se esconden las raíces en la energía universal.

Este es el camino vivo, y nadie puede señalártelo. Tienes que encontrarlo tú mismo.

SIMPLEMENTE VE POR EL CAMINO VIVO QUE VEAS POR TI MISMO; HACIA EL ESTE, HACIA EL OESTE, COMO UN HALCÓN SURCANDO LOS CIELOS. No te preocupes - - dondequiera que te lleve, ve. Finalmente te llevará al centro mismo de la existencia.

EN UN ABRIR Y CERRAR DE OJOS, CRUZAS AL OTRO LADO. El suceso ocurre sólo en un abrir y cerrar de ojos. La distancia entre el buda y el no-buda es tan pequeña, la distinción entre el despierto y el dormido es tan pequeña, que sólo en un abrir y cerrar de ojos ya te has trasladado a la otra orilla, a la otra orilla.

Hay que entenderlo claramente: el camino no es muy largo. Llamarlo camino es simplemente simbólico; no hay otra forma de decirlo. Es simplemente un cambio de visión: estabas mirando hacia fuera, cierras los ojos y miras hacia dentro. Y sigues adelante, profundizando, hacia dentro, todo lo que puedes, y estás destinado a encontrar la fuente de tu vida.

Es como si una rosa tratara de encontrar la fuente de su vida. ¿Dónde va a encontrarla? Tendrá que moverse hacia dentro, hacia las ramas, hacia las raíces, de donde obtiene todo su alimento y toda su vida.

Nosotros también tenemos raíces, pero son invisibles.

El zen no es más que el descubrimiento de nuestras raíces. El hombre que conoce sus raíces se llama buda.

EN OTRA OCASIÓN DAIO LE DIJO A KUSHO:

LA CAUSA Y LAS CONDICIONES DE LA ÚNICA GRAN PREOCUPACIÓN DE LOS ILUMINADOS

NO ESTÁ AL MARGEN DE SUS ASUNTOS COTIDIANOS.

NO HAY DIFERENCIA ENTRE AQUÍ Y ALLÍ.

IMPREGNA EL PASADO Y EL PRESENTE,

BRILLANDO A TRAVÉS DE LOS CIELOS,

REFLEJANDO LA TIERRA.

POR ESO SE DICE QUE TODO EN LOS ÚLTIMOS EONES MIRÍADAS ES CORRECTO EN EL PRESENTE.

El pasado, el inmenso pasado, el pasado sin principio, ha quedado atrás. Pero, ¿adónde ha ido? Un futuro inmenso, un futuro eterno, un futuro sin fin, está delante de ti. ¿Dónde se esconde?

El Zen entiende que en el momento presente está oculto todo el pasado, y en el momento presente también está oculto todo el futuro. El momento presente contiene todo el universo: pasado, presente y futuro. Si logras comprender el momento presente, habrás comprendido todo el fenómeno de la eternidad.

Antes de Albert Einstein, todo el mundo pensaba que el átomo era la partícula más pequeña que existía. Hasta Einstein nadie había sido capaz de dividir el átomo, por lo que se pensaba que era la última división de la materia que podíamos hacer. Era imposible dividir el átomo en dos partes; el átomo era una entidad sólida. Pero Albert Einstein consiguió dividir el átomo y descubrió que, al dividirlo, explota una tremenda energía que se esconde en él.

Nadie había concebido que en esa partícula, que ni siquiera es visible al ojo, se contenga tanta energía que pueda destruir una gran ciudad como Hiroshima o Nagasaki en tres minutos. Consumió ambas ciudades dejando tras de sí sólo rastros, ruinas, esqueletos....

Un amigo me ha enviado la foto de una niña pequeña, que debía de estar subiendo las escaleras del primer piso de su casa, cargada con sus libros para hacer unos deberes. Estaba a mitad de camino cuando la bomba atómica cayó sobre Hiroshima y todo se quemó en tres minutos. Me ha enviado la foto de la niña. Se quemó con sus libros y su imagen quedó impresa en la pared: sólo la forma de su cuerpo y la pequeña bolsa en la que llevaba los deberes.

Igual que antes el átomo era desconocido... y ahora nos hemos adelantado cientos de años a Albert Einstein. Ahora somos capaces no sólo de dividir el átomo, podemos dividir las divisiones del átomo.

Esas divisiones del átomo llevan fuentes de energía aún más grandes, condensadas.

Lo mismo ocurre con el momento del tiempo. Contiene todo el pasado y todo el futuro... y, por supuesto, el presente.

Así, el hombre que medita olvida todo el pasado, abandona todo anhelo de futuro. Basta con conocer el presente. Conociéndolo, entrando en sus complejidades, conocerás el universo entero. Y cuando llegues a tu fuente de vida... eso también es atómico, una fuente de vida individual. Pero tiene que estar conectada con el universo de alguna manera; de lo contrario no puedes vivir. Así que una vez que encuentres tu fuente de vida, habrás encontrado el camino.

En un abrir y cerrar de ojos, estás en la otra orilla. Has entrado en la existencia universal.

El zen es quizá el único enfoque científico de la experiencia religiosa.

VALORAMOS EL GRAN ESPÍRITU DE UN HÉROE SÓLO EN LOS AFECTADOS.

ANTES DE QUE CUALQUIER SIGNO SE HAGA DISTINTO, ANTES DE QUE CUALQUIER ILUSTRACIÓN SEA EVIDENTE, CONCÉNTRATE FEROZMENTE, MIRANDO, BUSCANDO, YENDO O VINIENDO, HASTA QUE TU ESFUERZO ESTÉ COMPLETAMENTE MADURO.

Todo está oculto en el mirar, en el observar; en el ver tan ferozmente que toda tu energía se concentra. Entonces la existencia no puede seguir siendo un misterio para ti. En esa concentración te vuelves maduro, y mereces que todos los misterios se te abran. EN EL MOMENTO DE UN PENSAMIENTO LOGRAS LA UNIÓN - sólo en un momento.

Una vez que hayas alcanzado tu fuente de vida, entonces es sólo cuestión de un momento, un abrir y cerrar de ojos, y habrás encontrado la unión con la existencia.

LA MENTE DEL NACIMIENTO Y LA MUERTE SE DESTRUYE Y DE REPENTE VES CLARAMENTE TU APARIENCIA ORIGINAL, LA ESCENA DE TU TIERRA NATAL; CADA PARTICULAR CLARAMENTE DEFINIDO. ENTONCES VES Y OYES COMO LO HACÍAN LOS BUDAS, SABES Y ACTÚAS COMO LO HACÍAN LOS ANTEPASADOS ILUMINADOS.

Conocer la fuente de tu vida y dar un salto cuántico en un abrir y cerrar de ojos a la otra orilla es la unión con el todo, el cosmos. Tras esta unión te comportas como un buda. No puedes hacer otra cosa. Tus acciones, tus gestos, tus palabras o tus silencios, tu movimiento o tu no-movimiento, tendrán la misma cualidad que la de cualquier buda. Todos los budas participan de la misma fuente cósmica.

El Zen no busca a ningún Dios. Se puede decir que su búsqueda es la unión, la unión con el todo. Y la unión te convierte en todo lo que es, ha sido y será. Nada queda fuera del todo, y te conviertes en uno con él.

Los primeros misioneros que llegaron a Japón para convertir a la gente al cristianismo quedaron asombrados por los maestros zen. Cuando se encontraban con un maestro zen... porque otros les habían dicho: "No nos molestéis. Tú sólo transforma a cierto maestro zen a quien he amado, y si se cambia al cristianismo, aunque se vaya al infierno estoy dispuesto a ir con él. Pero no me molestes. Tú sólo transforma a ese maestro zen". Y los misioneros se acercaron a los maestros zen con sus evangelios. Los maestros zen se rieron; dijeron: "No entendéis nada de religión y estáis convirtiendo a la gente a la religión. Tú mismo no tienes el gusto".

Un misionero estaba muy enfadado. Abrió la Biblia y leyó el Sermón de la Montaña.

Es un hermoso sermón y él pensaba: "A ver qué dice este tipo".

Después de tres o cuatro líneas, el maestro zen dijo: "¡Cállate! Sólo puedo decir esto: que este tipo, quienquiera que haya escrito estas líneas, se convertirá en un buda en algún momento del futuro. Está en el camino. Lo que sí puedo decir es que algún día se convertirá en un buda. Pero no te lo tomes en serio, porque tú también llegarás a ser un buda algún día. Y recuerda, para llegar a ser un buda, el budismo no es necesario".

Ese fue el gran enfoque, que para convertirse en un buda, el budismo no es necesario.

No es necesario nada; el buda ya está dormido en ti, sólo se necesita alguna situación en la que pueda ser despertado. Todos los monasterios zen hacían una sola cosa: crear situaciones para que el buda esté despierto. No es algo a lo que te conviertes, es tu propia naturaleza.

Los misioneros cristianos estaban perdidos, porque estos maestros zen nunca hablaban de Dios. Decían: "¿Qué sentido tiene? Ni siquiera te conoces a ti mismo y hablas de Dios. ¿Quién ha visto a Dios? ¿Y qué harás aunque te encuentres con él?". Será una situación muy incómoda. Dios de pie ante ti... te encontrarás en un espacio muy extraño... ¿qué hacer ahora?

Ya les he contado la historia de Rabindranath Tagore. En uno de sus mejores poemas escribió: "He visto a Dios muchas veces, pero siempre estaba lejos, junto a una estrella. Lo seguí, pero cuando llegué allí se había trasladado a otro lugar, muy lejos. Llevaba así muchas vidas. Finalmente llegué al lugar, a la casa donde estaba escrito en la puerta: Aquí vive el Señor del Mundo, el Padre Dios".

Iba a llamar a la puerta y de repente se dio cuenta: "Piénsatelo dos veces: ¿qué voy a hacer si me encuentro con él? No estoy preparado en absoluto. Después de conocerle no hay nada que hacer. Toda tu vida ha estado estructurada en la búsqueda de Dios. Sabes cómo buscar, sabes cómo ayunar, sabes cómo rezar, pero no sabes.... Cuando has encontrado a Dios, no tiene sentido ayunar, ni buscar, ni rezar. ¿Qué vas a hacer? Te asfixiarás".

Viendo la situación, cogió los zapatos con las manos, por miedo a que cuando volviera a bajar los escalones Dios oyera el ruido de los zapatos. Podría abrir la puerta y decir: "¿Adónde vas?". Y entonces huyó tan rápido como pudo.

El poema tiene una belleza tremenda. Dice así: "Desde entonces vuelvo a buscar. Sé dónde está Dios, así que sólo evito ese lugar. Pero sigo buscando porque en la búsqueda hay mucha alegría, y me consideran un gran santo. Disfruto de la gran aventura de buscar a Dios. Sólo tengo que recordar una cosa: ¡no volver a ese lugar! Pero el mundo entero está disponible para buscar, excepto esa casa".

El Zen nunca se ha preocupado por Dios; tampoco ha dicho nada en contra de Dios. Es una situación muy extraña de entender, porque la gente cree en Dios o no. Pero el Zen simplemente no se preocupa. No se trata de creer o no creer; simplemente deja a Dios a un lado. Es un equipaje innecesario.

El Zen ha tomado sólo el punto esencial, y ése es el origen de tu vida. Sólo tienes que profundizar en ese camino para que puedas alcanzar la transformación final, de lo individual a lo universal.

Justo antes de su muerte, Basui se dirigió a la multitud que se había congregado a su alrededor y dijo en voz alta:

MIRA AL FRENTE.
¿QUÉ HAY AHÍ?
SI LO VES COMO ES
NUNCA TE EQUIVOCARÁS.

Está hablando del interior. Estas son sus últimas palabras; está diciendo: "¡Mira hacia adelante!". No se lo está diciendo a nadie, simplemente se lo está diciendo a sí mismo, MIRA RECTO ADELANTE. ¿QUÉ HAY AHÍ?—Sólo una claridad pura, un cielo silencioso, un silencio eterno. Si lo ves tal como es, sin ideas preconcebidas, sin religiones ni filosofías, tal como es, nunca te equivocarás. Nunca cometerás un error. Llegarás directamente como una flecha y darás en la luna.

La preocupación del Zen eres absolutamente tú—tú en tu naturaleza original.

Pregunta 1:

Maneesha ha preguntado:

NUESTRO AMADO MAESTRO,

¿ES PORQUE HABLAS DESDE TU PROPIA EXPERIENCIA FUNDAMENTAL POR LO QUE TUS PALABRAS LE IMPRESIONAN A UNO ESPONTÁNEAMENTE COMO VERDADERAS, COMO INEQUÍVOCO SENTIDO COMÚN, AUNQUE EL OYENTE NO HAYA TENIDO ESA EXPERIENCIA?

DESDE LA PRIMERA FRASE TUYA QUE LEÍ, ANTES DE QUE PUDIERA DESARROLLAR LOS OJOS Y LOS OÍDOS DEL AMOR, NO TUVE QUE TOMAR NINGUNA DECISIÓN PARA ACEPTAR QUE TENÍAS RAZÓN. SIMPLEMENTE LA TENÍAS, ME CONVINIERA O NO. NO LO ENTIENDO: ¿CÓMO ES POSIBLE QUE OTROS PIENSEN LO CONTRARIO?

Maneesha, puedes hablar basándote en la autoridad de otros, pero entonces tus palabras son cadáveres muertos, como las rosas secas que puedes encontrar en las Sagradas Biblias. Pero cuando alguien habla desde su propia experiencia es un fenómeno vivo. Puedes estar de acuerdo con él, puedes no estarlo, pero te deja el impacto de que has estado en contacto con alguien que sabe.

No soy autoritario, pero soy una autoridad. Y hay que entender la diferencia entre los dos. El autoritario siempre está entre comillas. Es un gran erudito, no se le puede rebatir. Su argumento es muy válido, apoyado por las escrituras.

Su actitud autoritaria se deriva de las escrituras, del pasado, de los experiencias.

No soy autoritario, pero ciertamente soy la autoridad. Sólo digo lo que sé. Y porque digo sólo lo que sé, puedes estar de acuerdo con ello o no, no importa; su verdad hace sonar una campana en tu corazón. Y cuando algo te suene en el corazón, no escuches a la mente, que puede no estar de acuerdo. Escucha al corazón, porque el corazón sabe más.

El corazón es antiguo; la mente es un desarrollo muy reciente. Y el desarrollo de la mente es a partir de experiencias externas. El corazón sabe algo de lo interno, no sabe nada de lo externo. Así que cuando tu corazón te haga sonar una campana, tanto si tu mente está de acuerdo como si no, no te preocupes; estás muy cerca de la verdad.

Si la presencia de una persona simplemente te abruma... esa es la única comunión íntima entre un discípulo y un maestro. Esa es la unica manera en que el discipulo puede decidir que ha encontrado a su maestro. Esta abrumado, esta rodeado por la presencia del maestro por todos lados. La mente puede estar enloqueciendo, porque la mente siempre tiene miedo de ser abrumada por alguien. La mente es basicamente egoista y ser abrumado significa que el ego puede desaparecer como una sombra. La mente tiene miedo de la verdad, la mente tiene miedo de la realidad, porque la mente consiste en todo tipo de ilusiones, mentiras. La verdad la desenmascarará; de ahí que evite la verdad.

Pero eres afortunada, Maneesha. Si tu corazón te dice que has encontrado a un hombre que habla con su propia autoridad, entonces también es posible una revolución en tu propia vida. Y esa revolución ocurre día a día, no es algo que se detenga. Sigue ocurriendo hasta que estés completamente quemado y disuelto.

Ese momento afortunado también llegará. No está muy lejos. Este es un buen comienzo.

Antes de entrar en el camino de la vida, hacia el interior, no te olvides de volver de nuevo. Siempre temo por Sardar Gurudayal Singh. Incluso he ordenado que se prepare una tumba, porque algún día alguien puede no volver. Y Sardar Gurudayal Singh está parado en la cola casi al frente, muy cerca. Se reirá y simplemente se irá.

Lo celebraremos... y él sabe que no hay por qué preocuparse. Pero sigue viniendo, porque nunca se sabe qué chiste voy a contar.

Yo también le echaré de menos, porque es el único hombre en todo el mundo que se ríe antes de contar el chiste. Una confianza así es muy difícil de encontrar. Pero os lo advierto a todos: profundizad, pero no vayáis demasiado lejos. Cuando Nivedano os llame para volver, ¡sed buenos chicos!

Jesús y Pedro están tomando el té helado mientras toman el sol a orillas del lago de Galilea.

Un grupo de niños cercanos empieza a tirar piedras al agua. Ríen, gritan y levantan la arena.

Con la paz completamente destruida, Peter se incorpora. "¡Eh, niños!", les ladra. "¡Fuera de aquí!"

Pero Jesús se sube las gafas de sol Ray-Ban, se limpia la arena de la cara y dice: "No, Pedro. Deja que los niños vengan a mí".

Cinco minutos después, el ruido es ensordecedor: niños gritando, agua salpicando y arena volando llenan el aire. Peter, con resaca por el vino de anoche, se cabrea totalmente. "He dicho que os larguéis de aquí", grita.

Pero de nuevo Jesús se sienta, se limpia la arena, levanta la mano y dice: "Pedro, ya te lo he dicho: deja que los niños vengan a mí... ¡para que les dé una patada en el culito!".

Klopski está sentado con Seamus en el pub Dancing Duck, dando sorbos a su cerveza.

"Oye, Seamus", dice el polaco, "¿cómo te va tan bien con las chicas?".

"Fácil", dice Seamus. "Tienes que ser sofisticado y tener un truco".

"Sofisticado es fácil", dice Klopski, engullendo su décima cerveza. "Pero, ¿qué es un truco?".

"Bueno", responde Seamus, "por ejemplo, pinté un círculo blanco en el salpicadero de mi coche. La chica suele preguntarme qué significa. Entonces le explico muy a la ligera que significa pureza. La conversación suele derivar hacia cosas blancas abstractas, como la virginidad. A partir de ahí es fácil convencerlas".

"Vale", dice Klopski, "creo que lo tengo".

La noche siguiente, Klopski pinta un círculo blanco en el salpicadero de su coche y va a recoger a su cita, Lucy.

"Es bastante inusual tener un círculo blanco en el salpicadero", dice Lucy a Klopski.

"Sí, lo es", responde Klopski, pensando rápidamente mientras se ajusta la corbata. "¿Quieres follar?"

"¡Estás borracho!", le grita el camarero del Groggy Doggie Pub a Paddy, que acaba de volver a resbalar lentamente por el suelo.

"¡No estoy borracho en absoluto!", insiste Paddy, levantándose. "De hecho, no estoy ni un poquito borracho, y te lo voy a demostrar. ¿Ves ese gato que acaba de entrar por la puerta? Pues sólo tiene un ojo".

"Estás más borracho de lo que pensaba", dice el camarero. "¡Ese gato va a salir!"

Nivedano...

Nivedano...

Guarda silencio, cierra los ojos.

Siente que tu cuerpo está completamente congelado.

Mira hacia dentro, directamente a la fuente misma de tu vida.

Profundiza sin miedo.

Sólo así se ha encontrado alguien a sí mismo como buda. Este es el único camino vivo que te lleva a tu hogar cósmico.

Sin dudarlo sigue, sigue.

Recoge toda la experiencia del silencio, la dicha y la bendición.

Para que quede más claro, Nivedano...

Relájate, observa tu mente y tu cuerpo, separados de ti.

Sólo eres un observador.

Este punto de ser un observador es el buda.

Reconoce tu naturaleza búdica; no es más que un espejo que lo refleja todo, pero que no se ve afectado.

Nada deja huella en tu mirada. El espejo permanece vacío.

Este vacío puede dar en cualquier momento un salto cuántico, y te encontrarás en la otra orilla.

En una fracción de segundo puedes ser uno con el todo.

Esta unión es la auténtica meta de la religiosidad.

Una hermosa noche...

Desgraciadamente, ¿cuántos pueden disfrutarlo?

Tan pocos, pero tenemos que extender este fuego, este silencio fresco, como una brisa alrededor del globo.

Este silencio se va a convertir en el útero para que nazca el hombre nuevo.

Tú preparas el camino.

Nivedano...

Vuelve.

Pero regresen como budas, con gran dignidad, con gracia, con silencio.

Siéntate unos instantes, simplemente recogiendo, recordando, recopilando la experiencia de tus momentos de silencio.

Tienes que seguir siendo un buda las veinticuatro horas.

No es una acción, es tu naturaleza.

Tiene que expresarse en todas sus acciones, en sus palabras, en sus silencios, en sus canciones, en sus bailes.

Pero tú sigues siendo el observador, el buda.

¿De acuerdo, Maneesha?

Sí, amado Maestro.

¿Podemos celebrar a todos los budas?

¡Sí!

El Buda: El vacío del corazón

Retomar un koan

NUESTRO AMADO MAESTRO, BUKKO DIJO:

AL PRINCIPIO TIENES QUE COGER UN KOAN.

EL KOAN ES UN DICHO PROFUNDO DE UN PATRIARCA. SU EFECTO EN ESTE MUNDO DE DISTINCIONES ES ENDEREZAR LA MIRADA DEL HOMBRE Y DARLE FUERZA CUANDO SE ENCUENTRA AL BORDE DE LA ORILLA DEL RÍO.

DESDE HACE DOS O TRES AÑOS, DOY, EN MIS ENTREVISTAS, TRES KOANS: "EL VERDADERO ROSTRO ANTES DE QUE NACIERAN PADRE Y MADRE", "EL CORAZÓN, EL BUDA" Y "SIN CORAZÓN, NO HAY BUDA". PARA QUIEN SE ENFRENTA A LAS TURBULENCIAS DE LA VIDA Y LA MUERTE, ESTOS KOANS DESPEJAN EL SUELO ARENOSO DE LAS PREOCUPACIONES MUNDANAS Y ABREN EL TESORO DORADO QUE ESTABA AHÍ DESDE EL PRINCIPIO, LA RAÍZ SIN EDAD DE TODAS LAS COSAS.

SIN EMBARGO, SI DESPUÉS DE LIDIAR CON UN KOAN DURANTE TRES O CINCO AÑOS, TODAVÍA NO HAY SATORI, ENTONCES EL KOAN DEBE SER ABANDONADO; DE LO CONTRARIO, PUEDE CONVERTIRSE EN UNA CADENA INVISIBLE ALREDEDOR DE UNO.

INCLUSO ESTOS MÉTODOS TRADICIONALES PUEDEN CONVERTIRSE EN UNA MEDICINA QUE ENVENENA.

EN GENERAL, LA MEDITACIÓN TIENE QUE HACERSE CON URGENCIA, PERO SI DESPUÉS DE TRES O CINCO AÑOS LA URGENCIA SE SIGUE MANTENIENDO FORZOSAMENTE, LA TENSIÓN SE CONVIERTE EN UNA TENSIÓN ERRÓNEA Y ES UNA CONDICIÓN GRAVE. COMO CONSECUENCIA, MUCHOS SE DESANIMAN Y ABANDONAN.

HA DICHO UN ANTIGUO, "A VECES RÁPIDO Y A VECES DESPACIO, A VECES CALIENTE EN EL CAMINO Y A VECES DESCANSANDO A DISTANCIA".

BUKKO CONTINUÓ:

ASÍ QUE ESTE SACERDOTE DE LA MONTAÑA AHORA HACE QUE LA GENTE EN ESTA ETAPA ARROJE SU KOAN. CUANDO SE DEJA CAER Y HAY UN ENFRIAMIENTO, A SU DEBIDO TIEMPO DAN CON LO QUE ES SU PROPIA NATURALEZA VERDADERA, COMO LA SOLUCIÓN DEL KOAN.

EN LA CONCENTRACIÓN EN UN KOAN, HAY UN MOMENTO EN EL QUE SE DESPIERTA EL ESPÍRITU DE INVESTIGACIÓN, HAY UN MOMENTO EN EL QUE SE ROMPEN LOS APEGOS, HAY UN MOMENTO EN EL QUE SE AVANZA FURIOSAMENTE Y HAY UN MOMENTO EN EL QUE SE AMORTIGUA EL COMBUSTIBLE Y SE DETIENE LA EBULLICIÓN.

DESDE QUE LLEGÓ A JAPÓN, ESTE SACERDOTE DE LA MONTAÑA HACE QUE LOS ALUMNOS EXAMINEN UN KOAN, PERO CUANDO LO HAN HECHO DURANTE UN BUEN RATO, LES DICE QUE LO TIREN. LA CUESTIÓN ES QUE MUCHAS PERSONAS ALCANZAN EL ÉXITO SI PRIMERO TIENEN LA EXPERIENCIA DE LUCHAR CON UN KOAN Y DESPUÉS REDUCEN EL ESFUERZO; PERO POCAS

ALCANZAN EL ÉXITO EN EL MOMENTO EN QUE ESTÁN REALIZANDO UN ESFUERZO EXCEPCIONAL.

ASÍ PUES, LA INSTRUCCIÓN ES QUE LOS QUE AÚN NO HAN EXAMINADO UN KOAN DEBEN HACERLO ABSOLUTAMENTE, PERO LOS QUE LO HAN TENIDO DURANTE UN BUEN TIEMPO DEBEN TIRARLO. A LA HORA DE ZAZEN LO TIRAN TODO. DUERMEN CUANDO ES HORA DE DORMIR, VAN CUANDO ES HORA DE IR, SE SIENTAN CUANDO ES HORA DE SENTARSE, Y ASÍ SUCESIVAMENTE, COMO SI NO ESTUVIERAN HACIENDO ZEN EN ABSOLUTO.

Maneesha, antes de hablar de lo que dice Bukko, tengo que presentarte la palabra koan.

Es como un rompecabezas que no se puede resolver, básicamente insoluble. Por ejemplo, cómo eras antes de nacer: no hay forma de resolver el problema, no hay dónde encontrar la respuesta. O el koan, el más famoso, el sonido de una mano aplaudiendo. Ahora, una mano no puede aplaudir; para aplaudir se necesitará la otra mano.

Así que primero hay que entender el significado de koan. Es una especie de afirmación que no tiene respuesta en ninguna parte, y el maestro se la da al discípulo para que medite sobre ella y encuentre la respuesta. Desde el principio, el discípulo sabe, y el maestro también, que no hay forma posible de encontrar la respuesta. Pero es una gran estrategia: cuando la mente no puede encontrar la respuesta -y la meditación tiene que ser muy urgente, con toda la energía concentrada en el koan-, la mente se siente casi impotente. Busca aquí y allá, saca esta respuesta, aquella respuesta, y recibe golpes del maestro por traer una respuesta equivocada.

Todas las respuestas son erróneas, porque la función misma del koan no es obtener la respuesta; la función misma del koan es cansar tu mente hasta tal punto que se rinda. Si hubiera una respuesta, la mente la encontraría. No importa si eres muy inteligente o poco inteligente:

ninguna inteligencia de ninguna categoría puede encontrar la respuesta.

Pero, naturalmente, la mente lo intenta y lo intenta. Y el discípulo viene cada mañana a ver al maestro, para contarle lo que ha encontrado en las veinticuatro horas. Al principio, los discípulos piensan que tal vez puedan lograrlo ....

A un discípulo le dieron el koan del aplauso de una mano. Oyó el sonido del viento que pasaba entre los pinos y pensó: "Quizá sea el sonido de una mano aplaudiendo". Se apresuró a dar la respuesta al maestro, pero antes de que pudiera abrir la boca fue golpeado.

Dijo: "¡Esto es demasiado! No he dicho nada".

El maestro dijo: "No importa si has dicho algo o no... ibas a decir algo".

El estudiante dijo: "Pero al menos deberías haberlo oído antes...".

El maestro dijo: "No importa, digas lo que digas va a estar mal. Sólo ve y medita".

Cuando los discípulos se acostumbran, no acuden corriendo al maestro con respuestas. Saben que no hay respuesta. Sabiendo que no hay respuesta, la mente se rinde. Y toda la estrategia es muy sutil, dejar la mente a un lado; cansada, agotada, ya no tiene deseos de funcionar.

En el momento en que dejas la mente a un lado, has entrado en el mundo de la meditación. No tiene nada que ver con el koan, pero el koan ayudó a cansar la mente.

Bukko es un maestro muy práctico; la mayoría de los maestros zen no lo son tanto. Hablan desde sus cimas de conciencia; Bukko habla desde el mismo suelo en el que estás tú. Por lo tanto, es de mucha más ayuda que los grandes maestros que hablan desde una cima de conciencia lejana. Bukko sabe que aunque griten no serán entendidos; es mejor bajar al valle oscuro y hablar con la gente de tal manera que de alguna forma puedan captar el punto, que la mente no sirve de nada en el viaje interno. Esa es la cuestión: que la mente es un obstáculo, no una ayuda; un muro, no un puente.

Y Bukko es muy compasivo al entrar en los detalles -ningún otro maestro ha entrado en los detalles- e incluso al advertir de que el método no es cien por cien infalible. Ningún dispositivo puede serlo; incluso el propio método puede convertirse en un obstáculo.

AL PRINCIPIO HAY QUE TOMAR UN KOAN, dice Bukko. EL KOAN ES UN DICHO PROFUNDO DE UN PATRIARCA. SU EFECTO EN ESTE MUNDO DE DISTINCIONES ES ENDEREZAR LA MIRADA DEL HOMBRE Y DARLE FUERZA CUANDO SE ENCUENTRA AL BORDE DE LA ORILLA DEL RÍO.

Tu mente es muy vacilante, tambaleante. Un koan concentra todas tus energías. Un koan no debe hacerse de forma tibia, eso es peligroso. Tiene que ser hecho con totalidad, para que puedas agotar la mente rápidamente—tan rápidamente como sea posible.

Los maestros Zen han experimentado que el periodo más largo es de tres años—si no puedes cansarte en tres años eso significa que no estás poniendo toda tu energía en ello. Estás ahorrando energía, no te estás calentando mucho. Si te calientas de verdad, entonces en un momento lo ves claro: no hay respuesta. Y con la experiencia misma de que no hay respuesta en absoluto, la mente cae a un lado. Has entrado en el espacio de tu ser.

Pero si sigues haciéndolo así, el peligro es que después de tres años... si todavía no lo has conseguido, entonces es mejor abandonar el koan. No va a ayudar, ahora va a obstaculizar y entorpecer. Se ha convertido en un hábito. Sentado en silencio, y de paso, con muchos otros pensamientos yendo y viniendo, un pensamiento también está ahí: ¿Qué es el sonido de una mano aplaudiendo? Pero no estás totalmente concentrado para que sólo esté el koan y nada más.

Bukko dice, EL KOAN ES UN DICHO PROFUNDO DE UN PATRIARCA. SU EFECTO EN ESTE MUNDO DE DISTINCIONES ES HACER QUE LA MIRADA DE UN HOMBRE SEA RECTA...

poner toda su energía recta en un solo punto; hacer que su conciencia sea como una flecha—que no vaya en todas direcciones, una parte aquí y una parte allá, una parte en el pasado y una parte en el futuro, y usted está haciendo el koan con cualquier pequeño trozo que quede y que no haya ido a ninguna parte. De este modo nunca llegarás al final; al contrario, se convertirá en tu hábito. Harás el koan toda tu vida, nunca te llevará a la meditación.

Así que si en tres años un koan no ha caído por sí mismo, con la mente, y no entras en el ser, en el silencio del ser donde no hay pregunta ni respuesta—entonces por favor detén el koan. No dejes que se convierta en un hábito; no dejes que se convierta en un condicionamiento mental.

Lo primero es enderezar tu mirada, y darte fuerzas mientras estás al borde de la orilla del río.

DESDE HACE DOS O TRES AÑOS, DOY, EN MIS ENTREVISTAS, TRES KOANS: "EL VERDADERO ROSTRO ANTES DE NACER PADRE Y MADRE...."

No sólo tú, sino antes de que nacieran tu padre y tu madre... tu verdadero rostro. No hay forma de encontrar dónde estabas, cuál era tu verdadero rostro....

Segundo: "EL CORAZÓN, EL BUDDHA". Encuentra el corazón que es el buda.

Y el tercero, "SIN CORAZÓN, NO HAY BUDDHA". Ha utilizado estos tres koans. Hay mil y un koans—cualquier cosa que sea insoluble, que parezca hermosa pero cuando empiezas a trabajar en ella, descubres que has llegado al final del camino; no va a ninguna parte.

PARA QUIEN SE ENFRENTA A LA TURBULENCIA DE LA VIDA Y LA MUERTE, ESTOS KOANS DESPEJAN EL SUELO ARENOSO DE LAS PREOCUPACIONES MUNDANAS Y ABREN EL TESORO DORADO QUE ESTABA AHÍ DESDE EL PRINCIPIO, LA RAÍZ ETERNA DE TODAS LAS COSAS.

El koan puede hacer un milagro, aunque es sólo un dispositivo. La cuestión es con qué urgencia, con qué totalidad, haces que toda tu mente se ocupe sólo del koan, veinticuatro horas. No es algo que haces durante una hora y te olvidas de ello.

Es un método de monasterio. Recuerda, hay métodos que son individuales y que puedes hacer en cualquier parte, y hay métodos que son de monasterio; sólo puedes hacerlos en un monasterio, donde se te permite meditar veinticuatro horas, donde no hay nada más que hacer que meditar.

El koan es un método de monasterio. Si puedes poner toda tu energía, sin dejar de lado una pequeña parte de tu conciencia, como es el hábito de la gente... Nunca lo ponen todo en juego. Por seguridad, por una emergencia, siguen reteniendo algo. Nunca ponen todo lo que tienen en el método.

He oído que Mulla Nasruddin fue sorprendido viajando sin billete. El revisor del billete estaba desconcertado, porque Mulla abrió todas sus maletas y tiró cosas por todo el compartimento, y finalmente, el propio esfuerzo de su búsqueda... Había buscado en todos los bolsillos menos en uno del lado izquierdo de su abrigo. El revisor se dio cuenta y le dijo: "Su esfuerzo demuestra que sin duda tiene el billete, y se ha confundido porque lleva mucho equipaje. Así que no se preocupe, cuando baje podrá buscarlo. Pero tengo que hacerte una pregunta: Has mirado en todo lo demás, ¿por qué no miras en tu bolsillo izquierdo?".

Mulla dijo: "¡No menciones eso!"

El hombre le dijo: "¿Por qué, si estás buscando, por qué guardas ese bolsillo?".

Me dijo: "Ésa es mi única esperanza, que tal vez esté ahí. Si no está, entonces es seguro que no está en ninguna parte. No puedo perder la esperanza. Primero tendré que buscarlo todo".

Y no sólo miraba en sus propias maletas, ¡empezó a mirar en las de los demás! El revisor le dijo: "¡Para! Éstas no son tus maletas. ¿Estás loco? ¿No miras en el bolsillo donde creo que está el billete y te has puesto a abrir maletas ajenas?".

Mulla dijo: "Buscaré primero por todo el mundo; sólo como último recurso, cuando todo lo demás haya terminado, miraré en mi bolsillo izquierdo. Esa es mi única esperanza".

La gente siempre se guarda algo, nunca lo pone todo, en su totalidad, en la hoguera.

Y lo que dejan de lado les mantiene divididos. No pueden ser totales; siguen siendo sólo una parte implicada y una parte no implicada.

Así que lo primero que hace el koan es ponerte completamente recto, apuntando a un único objetivo, como una flecha. Si se hace esto, pronto tu mente se cansará. Pero si ahorras algo de energía, tu mente siempre se rejuvenecerá. La energía ahorrada nunca te permitirá estar tan cansado y tan exhausto que simplemente abandones el koan, que simplemente digas: "Estoy harto; he terminado. Esto es estúpido... ¡no puede haber ningún sonido con una mano aplaudiendo!".

En ese momento de agotamiento, la mente se detiene... cansada, completamente harta. Cuando la mente se detiene, aunque sólo sea un instante, en un abrir y cerrar de ojos estás en la otra orilla.

PARA QUIEN SE ENFRENTA A LA TURBULENCIA DE LA VIDA Y LA MUERTE, ESTOS KOANS DESPEJAN EL SUELO ARENOSO DE LAS PREOCUPACIONES MUNDANAS Y ABREN EL TESORO DORADO QUE ESTABA AHÍ DESDE EL PRINCIPIO, LA RAÍZ ETERNA DE TODAS LAS COSAS.

Un dispositivo muy sencillo, si se hace bien, puede abrirte el tesoro cósmico: tu hogar definitivo.

SIN EMBARGO, SI DESPUÉS DE TRABAR CON UN KOAN DURANTE TRES O CINCO AÑOS, AÚN NO HAY SATORI, ni iluminación, ENTONCES SE DEBE ABANDONAR EL KOAN.

Esto es lo que yo llamo un maestro compasivo. Bukko se preocupa mucho por el discípulo: no se limita a decir las verdades últimas, sino que casi le acompaña a su lado, como un compañero de viaje, haciéndole consciente de todos los escollos.

SI, DURANTE TRES O CINCO AÑOS, SIGUE SIN HABER SATORI, ENTONCES DEBE ABANDONARSE EL KOAN; DE LO CONTRARIO, PUEDE CONVERTIRSE EN UNA CADENA INVISIBLE ALREDEDOR DE UNO.

Habrás empezado a pensar que esto es una especie de mantra, un ritual religioso... todos los días lo haces. No pasa nada, pero quizás alguna vez acumules suficiente virtud...

Pero, ¿qué virtud se puede acumular pensando en un koan como el sonido de una palmada?

No se trata de mantras que se repiten toda la vida; son dispositivos absolutamente científicos. Pero uno tiene que hacerlo con totalidad, entonces puede abrir la puerta. Si lo haces a medias, entonces por favor no lo hagas, porque haciéndolo a medias nunca llegarás a la puerta. Seguirás repitiendo tus tonterías, porque son tonterías; tienes que recordar que lo que estás repitiendo son tonterías. No hay sonido de una mano aplaudiendo, y no hay rostro que puedas encontrar en ningún lugar antes de que tus padres nacieran.

No son rompecabezas que puedas, con gran inteligencia, resolver. Parecen rompecabezas, pero no son rompecabezas; son simplemente absurdos. Pero lo absurdo es capaz de cansar la mente. Sólo lo absurdo puede cansarla - cualquier cosa racional, la mente la manejará; cualquier cosa razonable, la mente la manejará; cualquier cosa lógica, la mente la manejará. Sólo algo absurdo... La mente no puede manejar lo absurdo; puede volverse loca pero no puede resolver el problema. Antes de que se vuelva loca tienes que dejar el problema.

Recuerda que tu koan puede volverte loco, si lo haces a medias, o puede convertirte en un buda si lo haces totalmente, de todo corazón. La cuestión es la urgencia y la totalidad.

Antes de que el koan se convierta en una cadena, en una esclavitud, hay que abandonarlo.

INCLUSO ESTOS MÉTODOS TRADICIONALES PUEDEN CONVERTIRSE EN UNA MEDICINA QUE ENVENENA.

EN GENERAL, LA MEDITACIÓN DEBE HACERSE CON URGENCIA, PERO SI, DESPUÉS DE TRES O CINCO AÑOS, LA URGENCIA SE SIGUE MANTENIENDO FORZOSAMENTE, LA TENSIÓN SE CONVIERTE EN UNA TENSIÓN ERRÓNEA Y ES UNA CONDICIÓN GRAVE.

Puede volverte loco. Piénsalo: durante cinco años, día y noche, una persona está pensando en el sonido de una palmada. Se volverá loco. Se convertirá en una condición psicológica tal que querrá parar, pero no parará. Seguirá y seguirá dentro de él, "¿Qué es el sonido de una mano aplaudiendo?". Incluso mientras duerme continuará. En el momento en que abra los ojos, el primer pensamiento será: "¿Qué es el sonido de una mano aplaudiendo?". Antes de irse a dormir, el último pensamiento será: "¿Qué es el sonido de una mano aplaudiendo?". Y lo mismo continuará durante toda la noche como una corriente subterránea.

Bukko lo deja claro: "Recuerda que incluso la medicina puede convertirse en veneno. Puede caducar; no debes usarla más allá de su límite". Y si quieres hacerlo dentro de sus límites, hazlo tan totalmente que hayas terminado antes de que se acabe el tiempo límite de la medicina.

En cada frasco de medicina hay una fecha, una fecha límite más allá de la cual no debes usarla. En cada dispositivo hay un límite de tiempo, y si quieres experimentar lo eterno en ti, entonces no vayas despacio; sé rápido, antes de que se acabe el límite de tiempo del dispositivo.

Y recuerda siempre que es un dispositivo sin sentido, no tiene respuesta. No está hecho para tener una respuesta; su propósito está ahí, y el propósito es agotar tu mente. Así que pon toda tu energía, para que se agote rápidamente. Cuanto antes agotes la mente, antes llegará la realización, la trascendencia, la apertura de las puertas de tus tesoros eternos.

EN GENERAL, LA MEDITACIÓN TIENE QUE HACERSE CON URGENCIA, PERO SI, DESPUÉS DE TRES O CINCO AÑOS, LA URGENCIA SE SIGUE MANTENIENDO FORZOSAMENTE, LA TENSIÓN SE CONVIERTE EN UNA TENSIÓN ERRÓNEA Y ES UNA CONDICIÓN GRAVE. COMO CONSECUENCIA, MUCHOS SE DESANIMAN Y ABANDONAN.

HA DICHO UN ANTIGUO, "A VECES RÁPIDO Y A VECES DESPACIO, A VECES CALIENTE EN EL CAMINO Y A VECES DESCANSANDO A DISTANCIA".

BUKKO CONTINUÓ:

ASI QUE ESTE SACERDOTE DE LA MONTAÑA AHORA HACE QUE LA GENTE EN ESTA ETAPA ARROJE SU KOAN. CUANDO SE DEJA CAER Y HAY UN ENFRIAMIENTO...

porque ibas a toda velocidad, tu mente se calentaba cada vez más, en un solo punto durante años.

Bukko dice: "Les digo a mis discípulos, ahora es el momento de dejarlo, y dejar que la mente se enfríe".

... HAY UN ENFRIAMIENTO, A SU DEBIDO TIEMPO DAN CON LO QUE ES SU PROPIA NATURALEZA VERDADERA, COMO LA SOLUCIÓN DEL KOAN.

Cuando la mente se enfría, eso equivale casi a dejar la mente a un lado. En un caso se trata de iluminación repentina, en el otro caso se llamará iluminación gradual.

No utilizo koans por la sencilla razón de que no estás en un monasterio. El método es básicamente un método de monasterio—nadie ha hecho la distinción antes. Mi gente está en el mundo; no pueden poner su totalidad en meditar veinticuatro horas. Es suficiente para ellos poner su totalidad en ello durante unos minutos y simplemente beber un trago de su eternidad, de su inmortalidad, sólo para tener una visión de las raíces. Y no lo continúen, sólo dejen que permanezca como un eco lejano que los rodea. Una fragancia... como cuando pasas por un jardín de rosas, aunque no toques las rosas, tu ropa llevará la fragancia de las rosas.

Estás en el mundo, y quiero que todos mis sannyasins estén en el mundo. No quiero que estés en un monasterio, porque un monasterio te quita todas tus veinticuatro horas, destruye todas tus capacidades de creatividad. Y lo más frecuente es que la gente se canse tanto que abandone el monasterio y entre en otro. Es un fenómeno constante en Japón: la gente que se cansa de un monasterio se va a otro. Y como no tienen que trabajar en nada -la comida se la proporciona el monasterio, la ropa se la proporciona el monasterio; su único trabajo es concentrarse en el koan-, o se hartan del monasterio y piensan que algo va mal con el koan porque no pasa nada y han pasado tres años, o se vuelven locos. Su urgencia y su totalidad toman un rumbo equivocado y se vuelven locos.

Esto ocurre constantemente en los monasterios Zen. De hecho, todos los monasterios Zen tienen un lugar de retiro especial para los monjes que se vuelven locos. Pero su método para devolver al monje loco al mundo es muy sencillo. La psiquiatría y la psicología modernas deberían estudiar el método, porque lo que no pueden hacer en diez años lo hacen en tres semanas en los monasterios. Y, de hecho, no se hace nada; justo en el monasterio, en un lugar lejano entre los bambúes, escondida a la orilla de un río, hay una pequeña casita. El hombre se queda solo allí, y se le dice que no hable con nadie. De todos modos, nadie pasa por allí, excepto el hombre que trae la comida todos los días. Pero a éste no se le permite hablar con el hombre; al hombre tampoco se le permite ni siquiera hacer gestos o saludar.

Tres semanas sentado en silencio, sin nadie con quien hablar, sin nada que hacer... la mente se enfría.

Lo que el psicoanálisis no puede hacer en quince años, el monasterio zen lo viene haciendo desde hace mil años por miles de monjes.

Nadie va a visitarle durante esas tres semanas; el hombre se queda solo. Al principio habla solo; luego, poco a poco, se le pasa el calor, se tranquiliza. Una escena hermosa: las flores, los bambúes y el río; y ningún otro hombre alrededor. Y mientras se enfría, lo llevan de vuelta al monasterio.

Pero, en cualquier caso, no se debe hacer un método de tal manera que te vuelva loco. Y la razón por la que la gente se vuelve loca con ciertos métodos es que intentan ser inteligentes. Mantienen una cierta cantidad de energía en el lado—¡en el bolsillo izquierdo!—así que nunca son totales. Y a menos que sean totales, la mente no puede dejarse de lado. Así que la totalidad es realmente la función, el propósito de un koan.

Yo no lo uso, y no le diré a nadie que lo use a menos que forme parte de un monasterio donde no tenga que hacer ningún trabajo mundano, donde dependa completamente de la sociedad.

Pero cuando dependes de la sociedad, no puedes ser rebelde. Por eso los maestros zen han alcanzado la budeidad, pero su budeidad no es una rebelión, no es una revolución.

Quiero que mis budas sean rebeldes. Pero sólo puedes ser rebelde si no dependes de la sociedad. Si eres independiente en tu trabajo, en tu ganancia, puedes ser rebelde contra todas las ortodoxias.

Es muy astuto, pero quizá sin ninguna intención, que la gente rica, los emperadores, todos hagan donaciones a los monasterios. Es muy bueno para ellos: están ganando virtud espiritual, abriendo una cuenta bancaria en el cielo. Y por otro lado, están impidiendo que esas personas se vuelvan rebeldes. Los han incapacitado por completo; han olvidado cómo hacer cualquier cosa. No se les pide que hagan nada más que sentarse y meditar en el koan, lo cual es absurdo.

Es por casualidad -y diré sólo por casualidad- que alguien se ilumine a través de un koan, porque hay que seguir repitiéndolo durante al menos dos o tres años, constantemente involucrado en él.

Recuerda la diferencia, que salir de la mente no es ir más allá de la mente. Salir de la mente es muy fácil. Muchas personas se vuelven locas sin ningún koan, pero quizás también tengan un koan propio. Tal vez sea el dinero, tal vez sea una mujer o un hombre.

Se vuelven locos pensando continuamente en ello.

Conozco a un hombre que se volvió loco por culpa del dinero. Estaba tan enamorado del dinero que era casi imposible creerlo. Si tenías un billete de cien rupias en la mano, era tuyo, pero él lo tocaba, sólo para sentirlo. Y hasta podías ver cómo le salía la saliva.

Me hice amigo de él, así que solía venir a mi casa y yo le daba unas notas para que tocara. Se ponía muy contento. Al final me enteré de que lo habían metido en un manicomio, porque la situación se había puesto difícil. Empezó a robar, a pedir prestado y nunca lo devolvía, así que toda la ciudad se enteró. Y nunca compraba nada porque tenía que renunciar al dinero.

El dinero era su dios: es el dios de mucha gente, es su koan. También es como un koan, insoluble: por mucho que tengas, tu deseo es siempre tener más. Es insoluble. Incluso el hombre más rico del mundo no está satisfecho con sus riquezas, quiere más.

EN LA CONCENTRACIÓN EN UN KOAN, HAY UN MOMENTO EN EL QUE SE DESPIERTA EL ESPÍRITU DE INVESTIGACIÓN, HAY UN MOMENTO EN EL QUE SE ROMPEN LOS APEGOS, HAY UN MOMENTO EN EL QUE SE AVANZA FURIOSAMENTE Y HAY UN MOMENTO EN EL QUE SE AMORTIGUA EL COMBUSTIBLE Y SE DETIENE LA EBULLICIÓN.

DESDE QUE LLEGÓ A JAPÓN, ESTE SACERDOTE DE LA MONTAÑA HACE QUE LOS ALUMNOS MIREN UN KOAN, PERO CUANDO LO HAN HECHO DURANTE UN BUEN

RATO, LES DICE QUE LO TIREN AL SUELO. LA CUESTIÓN ES QUE MUCHAS PERSONAS LLEGAN AL ÉXITO SI PRIMERO TIENEN LA EXPERIENCIA DE LUCHAR CON UN KOAN Y MÁS TARDE REDUCEN EL ESFUERZO...

Por eso digo que Bukko es un maestro muy práctico y pragmático. No es como Bodhidharma, una espada, que de un golpe te corta la cabeza. Es más práctico. Dice que incluso si no has alcanzado el satori, la iluminación, es útil calentarse. Si no es suficiente para evaporarse, empieza a decirte: "Cálmate, suéltalo". Su experiencia es que incluso este pequeño calentamiento, y luego enfriamiento, da un cierto espacio, una brecha, una comparación entre los dos estados. Y a través de esa puerta, a través de ese pequeño conocimiento de la diferencia entre la mente calentada y la mente fría, una persona puede llegar al éxito más que en el momento en que estaba haciendo un esfuerzo excepcional.

Pero esto es, a mi entender, un enfoque muy comercial. Tal vez alguien haya alcanzado la iluminación de este modo, pero no diré que se trate de un principio; sólo puede ser un accidente.

No utilizo koans en absoluto, porque mi gente debe poner su totalidad en meditación durante cinco minutos, y eso es suficiente. Entonces sólo el recuerdo de ello transformará sus vidas.

E ir hacia dentro sólo durante unos minutos nunca ha vuelto loco a nadie. Puedes ir tan profundo como sea posible, con tu totalidad, porque sabes que Nivedano está sentado allí y no te permitirá ir más allá del límite. Justo cuando te estás acercando al límite, donde puedes perder la cabeza, el tambor de Nivedano te llama inmediatamente de vuelta.

No debemos perder la mente; tenemos que ir más allá de la mente, y utilizar la mente desde el espacio de estar más allá. La mente es un buen mecanismo; no estamos en contra de la mente. Simplemente no queremos que la mente sea dominante, que sea el amo. Queremos que nuestra conciencia sea el amo y la mente sólo un funcionario, un sirviente.

Bukko dice,

ASÍ PUES, LA INSTRUCCIÓN ES QUE LOS QUE AÚN NO HAN EXAMINADO UN KOAN DEBEN HACERLO ABSOLUTAMENTE, PERO LOS QUE LO HAN TENIDO DURANTE UN BUEN TIEMPO DEBEN TIRARLO. A LA HORA DE ZAZEN LO TIRAN TODO. DUERMEN CUANDO ES HORA DE DORMIR, VAN CUANDO ES HORA DE IR, SE SIENTAN CUANDO ES HORA DE SENTARSE, Y ASÍ SUCESIVAMENTE, COMO SI NO ESTUVIERAN HACIENDO ZEN EN ABSOLUTO.

Esta parte en sí misma es hermosa. Esta parte puede serte de inmensa ayuda. Mientras estés haciendo tus meditaciones, hazlas totalmente. Olvídate del mundo entero, como si durante esos pocos minutos no existiera el mundo; sólo tú y este espacio hacia el que corres con la velocidad de la luz, como una flecha, para dar en algún centro desconocido de tu ser.

Y recoge la experiencia, la alegría, la felicidad, y vuelve. Vuelve con tu budeidad como una fragancia a tu alrededor. Y luego observa... en tu vida diaria, trabajando, haciendo todo tipo de cosas... con el rabillo del ojo, recuerda. Puedes estar cortando leña o sacando agua del pozo: eres un buda. Aunque nadie ha visto a Gautam Buda cortando leña y acarreando agua del pozo, tantos discípulos lo amaban que se las arreglaron para cortar la leña por él y acarrear el agua del pozo.

Antes de reunir a unos cuantos budas a tu alrededor, tienes que cortar la leña y acarrear el agua. Pero no olvides que eres un buda. Es una buena oportunidad, ¡antes de que otros budas empiecen a cortar tu leña!

Esta última afirmación es hermosa:

Sé un buda, pero no seas un exhibicionista. No intentes convencer a los demás de que eres un buda: eso es lo que hacen los locos. Basta con que sepas que eres un buda. No tienes que convencer a los vecinos de que realmente eres un buda.

Solía ir a madhouses....

Uno de mis amigos era el gobernador de uno de los estados, así que me permitió... podía visitar cualquier manicomio del estado, o cualquier cárcel, donde quisiera. De lo contrario, es muy difícil ver a los locos.

No puedes cambiar su opinión, sea cual sea. Si piensan que son un tren, irán a tu lado haciendo el ruido del tren. No les importará que estés ahí parado... van a alguna parte. Son un tren y no puedes convencerles de lo contrario.

Le pregunté a un loco que iba así: "¿Tienes pasajeros?".

No soy más que una locomotora que hace maniobras. No voy a ninguna parte, sólo voy de una sala a otra. Sólo soy una locomotora, no me importan los pasajeros".

Y estaba muy serio. Le dije: "Sería bueno conectar un tren contigo".

Me dijo: "No me gusta la idea. ¿Por qué debería molestarme con pasajeros y trenes? Estoy disfrutando perfectamente". Y continuó.

El superintendente dijo: "Lo hemos intentado. No funciona... nada funciona".

No se puede cambiar la mente de un loco. Y hago esta afirmación por una razón en particular: no tengas una mente así, que no se puede cambiar. Eso es lo que tienen los fundamentalistas, cristianos fundamentalistas como Ronald Reagan. No puedes cambiar sus mentes, y eso es un signo de locura. Un hombre inteligente siempre está dispuesto a cambiar, si se le da un argumento mejor. No puedes cambiar al fundamentalista; él ha decidido, y decidido para la eternidad.

No hay forma de convencer ni siquiera a Jesús de que "Tú no eres el hijo de Dios". Miles de personas lo intentaron: "¡Escucha, no hagas escándalos innecesarios! Pareces un payaso, sentado en un burro, seguido de unos cuantos idiotas y afirmando que eres el hijo unigénito de Dios. Eres una humillación para nuestra religión".

Los judíos se esforzaban por convencerle: "No eres más que un carpintero, ¿recuerdas? Tu padre es José y tu madre María, ¿recuerdas?".

Pero un fundamentalista....

En medio de una multitud, Jesús estaba hablando y alguien dijo: "Tu madre está fuera".

Y duele lo que dijo; dijo: "¡Dile a esa mujer que no tengo parientes aquí!

Mi padre está en los cielos".

Ahora, contándole a esa pobre mujer—ella no lo había visto por años, porque por años él había estado vagando en Cachemira, en Ladakh, en Tibet. En la Biblia no hay ningún relato sobre lo que sucedió durante diecisiete años de su vida. Y sólo vivió treinta y tres años; sólo se describen tres años, los tres últimos. ¿Qué pasó con los diecisiete años anteriores? Hay una mención de la época en que tenía trece años, y después hay un gran vacío.

La madre llevaba tanto tiempo sin verlo, naturalmente la pobre anciana... Y él la insultó, ni siquiera le dio una cita. No es un hombre ordinario, estos parientes lo arrastran a la humanidad. Es un hijo de Dios, es divino, no es humano.

No se puede hacer cambiar de opinión a un fundamentalista. Y para mí, el fundamentalista equivale al loco. Un hombre razonable, un hombre inteligente, nunca es fundamentalista.

Siempre está dispuesto a cambiar cualquier cosa si encuentra un argumento mejor, una idea mejor, una solución mejor. Es flexible, no es inflexible ni obstinado. Está dispuesto a ceder, a cambiar, a transformarse.

Quiero que nunca seas un fundamentalista. Permanece siempre vulnerable. Ser vulnerable a la existencia es la experiencia más hermosa.

Pero para eso necesitas conocer la existencia desde dentro, no desde fuera. Conoces las estrellas desde fuera, pero no has conocido el universo desde tu interior. Desde tus raices tienes que entrar en contacto, y ese contacto sera tu liberacion. Ese contacto te convertirá en un buda.

Eres un buda; sólo se ha acumulado un poco de polvo en el espejo.

Me acuerdo de Miguel Ángel.... Pasó por el mercado donde había tiendas de mármol. Era escultor, quizá el mejor que el mundo ha conocido. Vio delante de una tienda, al otro lado de la calle, una gran roca de mármol. Preguntó: "¿Cuánto costará?".

El dueño dijo: "No me costará nada, porque lleva diez años ahí tirada y no he encontrado a nadie que se interese por ella. Si la quiere, puede llevársela. Necesito más espacio para otras rocas y esa ocupa demasiado. Pero no creo que nadie pueda hacer nada con ella. Es una roca extraña, la forma es extraña".

Así que Miguel Ángel cogió esa piedra y, tras dos años trabajando en ella, creó la estatua de Jesús más famosa del mundo: Jesús acaba de ser bajado de la cruz y María, su madre, lo sostiene en su regazo. La estatua es de la cruz y Jesús y la madre, y de tamaño natural.

Miguel Ángel fue sin duda uno de los hombres más grandes en lo que a escultura se refiere. Jesús parece como si fuera a volver a la vida, tan vivo. Puedes ver cada músculo del hombre, puedes ver los agujeros que los clavos han hecho en sus manos ....

Hace sólo unos años, un loco destruyó esa estatua. Nadie pensó jamás que alguien destruiría una estatua tan hermosa... estaba en el Vaticano. Y delante del tribunal el loco dijo: "Tuve que destruirla porque quiero ser tan famoso como Miguel Ángel".

Ahora mi nombre se recordará siempre junto al de Miguel Ángel: él lo hizo, yo lo destruí".

Pero cuando la estatua estuvo lista, Miguel Ángel invitó al dueño de la tienda a ver lo que le había ocurrido a la roca. El dueño de la tienda no daba crédito a lo que veía. Dijo: "¡Has hecho un milagro! ¿Cómo lo has conseguido?"

Miguel Ángel respondió: "No, no he conseguido nada. Justo cuando pasaba por el camino, oí que la roca decía: 'Escondidos en mí están Jesús y María. Sólo tienes que quitar algunos trozos aquí y allá, y Jesús y María se revelarán'. No he creado a Jesús ni a María, simplemente he quitado el mármol innecesario y he dejado sólo lo necesario para hacer a Jesús y María y la cruz".

Esta es realmente la experiencia de un meditador. A medida que profundizas oyes... no con palabras, sino algo más parecido a una atracción magnética, hacia un buda que está oculto dentro de ti en el origen mismo. Y una vez que has tocado esas raíces, una vez que has conocido tu budeidad sólo durante cinco minutos, basta con ser capaz de recordarla veinticuatro horas. Poco a poco cambiará toda tu vida en una belleza, una gracia, un éxtasis tremendo.

No tienes que hacer meditación las veinticuatro horas. Estoy en contra de los monasterios y los monjes porque son una carga absolutamente innecesaria para la sociedad. Y particularmente en el Este, donde hay tanta pobreza, estos monjes son una carga para toda la economía.

En Tailandia, hace sólo dos años, tuvieron que aprobar una ley en el parlamento por la que nadie puede convertirse en monje sin obtener una licencia del gobierno. Porque una persona de cada cuatro era monje. Los otros tres tenían que proveer de todo al monje. Era tradición que cada familia diera un hijo, sobre todo el mayor, a la religión, a la iglesia. Eran una cuarta parte de la población; toda la población es pobre, y estos vagabundos, pensando que hacían algo espiritual, no eran más que parásitos.

No quiero que nadie sea un monje, quiero que estés en el mundo. La meditación no tiene por qué hacerse las veinticuatro horas; la meditación es sólo un pequeño atisbo... y luego lleva a cabo tu trabajo. Poco a poco, ese vislumbre empezará a irradiar en tus acciones, en tus silencios, en tus canciones, en tus bailes.

No hay necesidad de malgastar veinticuatro horas y convertirse en un parásito. Y cuando te conviertes en un parásito de la sociedad, no puedes rebelarte contra la sociedad. No puedes decir nada en contra de ninguna superstición.

Mi gente puede ser sannyasins y, sin embargo, absolutamente rebeldes, porque no dependen de nadie. Su meditación es un asunto personal.

¿Por qué están todas las religiones en mi contra? Porque estoy introduciendo un nuevo tipo de sannyasin en el mundo; y el temor es que si este fuego prende, como un incendio forestal, entonces los sannyasins serán las personas más rebeldes del mundo. Destruirán todas las supersticiones y todas las estupideces, y no aceptarán nada que vaya en contra de su conciencia.

Esta es la razón por la que veintiún países han decidido en sus parlamentos que soy un hombre peligroso. Y, curiosamente, ni un solo hombre en esos parlamentos ha preguntado: "¿Qué entiende usted por peligroso?". Todo el mundo entiende, al parecer, que el peligro está en dar individualidad a la religión, está en dar rebeldía a los individuos. Y ningún interés creado lo quiere. Están dispuestos a recibir monjes, están dispuestos a hacer donaciones a los monasterios, pero en realidad temen a las personas que son budas y rebeldes al mismo tiempo. Y para mí, un buda que no es rebelde no es un gran buda. No es más que una pieza podrida.

Un poeta escribió:
POR LA TARDE
SI LLOVIERA
DEBEMOS BUSCAR REFUGIO,
PERO PENSANDO, "ES SÓLO NIEBLA"
SEGUIMOS Y NOS EMPAPAMOS.

No se refiere a la lluvia exterior, sino a tu interior. No tengas miedo: empápate en la niebla, en el misterio. Y cuando vuelvas, vuelve como una persona totalmente diferente. El que ha entrado debe quedar atrás, y tú debes adoptar un nuevo rostro—tu rostro original.

Dejar caer la máscara y sacar a relucir tu rostro original es toda la alquimia de la meditación.

Un anciano había llegado por primera vez a una gran ciudad, y estaba de pie, asombrado, mirando los altos rascacielos. Entonces vio a una anciana, muy anciana, que entraba en una cabina. No comprendió que se trataba de un ascensor. Se quedó mirando a ver qué pasaba, y cuando el ascensor bajó, salió una mujer joven.

Dijo: "¡Dios mío! Si lo hubiera sabido, habría traído a mi vieja conmigo. Esto es una gran ciencia".

Pero ocurre exactamente esto. Cuando entras, eres una máscara vieja; cuando vuelves, vuelves como un rostro fresco y original. Esta experiencia cotidiana, poco a poco, se convertirá en tu experiencia silenciosa de veinticuatro horas. No hay necesidad de decir a nadie que eres un buda; ellos mismos lo entenderán. No puedes ocultar un fuego; tampoco puedes ocultar a un buda.

Pregunta 1:

Maneesha ha preguntado:

NUESTRO AMADO MAESTRO,

LO INDECIBLE QUE INTENTAS COMUNICARNOS, LO INASIBLE QUE INTENTAMOS CAPTAR... A VECES PARECE PROFUNDAMENTE MISTERIOSO, A VECES PARECE VERGONZOSAMENTE OBVIO. ¿ES UNA DE LAS DOS COSAS O LAS DOS JUNTAS?

Maneesha, son las dos cosas juntas.

Desde un punto de vista es obvio. Para los que saben, es obvio. Para los que no lo saben, es muy misterioso. Pero es lo mismo. Nuestro esfuerzo consiste en pasar del punto de obviedad al punto de misterio... convirtiendo tu sencillez en inocencia; devolviéndote la fragancia y la frescura de tu infancia.

Buda no es un extranjero; buda es tu núcleo más íntimo—donde nadie más ha sido capaz de llegar; de lo contrario le habrían cambiado la cara. Es el lugar al que sólo tú puedes ir, por eso ha permanecido original. De lo contrario, la sociedad lo habría coloreado, lo habría gestionado de tal manera que se convirtiera en algo útil para la sociedad. Pero nadie puede llegar a tu interior excepto tú.

Y ciertamente, cuando conoces tu misteriosa existencia, no quieres ser nadie más. Has llegado al punto en que todo el cosmos te da la bienvenida a casa.

(Un destello de luz atraviesa la oscuridad fuera de la sala, seguido de un trueno y una lluvia fuerte y suave.) Ahora han llegado las nubes... Mientras sigas riendo, las nubes vendrán a escucharte. Llegan en el momento justo.

Una noche, Dogski llega a casa tambaleándose tras haber bebido unas mil cervezas. Cuando entra en el dormitorio, descubre a su mujer semidesnuda en la cama y a un extraño que se está quitando los pantalones.

"Por última vez, señora", dice el hombre, pensando furiosamente, "si no paga ahora mismo la factura del gas, ¡me cago en el suelo!".

Max Muldoon es reclutado para luchar en la nueva guerra de Ronald Reagan en Oriente Medio, y no le gusta nada la idea. Hace todo lo posible para evitar estar en el ejército, pero de alguna manera se encuentra en el pelotón de marines del general Grimguts.

Un día, Max se encuentra en primera línea de batalla. El ruido es aterrador, las balas y las bombas vuelan a su alrededor. Max levanta la vista horrorizado y arroja su arma.

"¡Ya he tenido bastante!", grita, y empieza a huir del frente.

Mucha gente intenta detenerle mientras corre, pero Max no les presta atención. Corre y corre hasta que se topa con el mismísimo General Grimguts.

"¡Alto!" ruge Grimguts.

"¿Para qué?", grita Max.

"¡Les ordeno que se detengan!" grita el General. "¡Soy su oficial al mando!"

"¡Dios mío!", responde Max, bastante sorprendido. "¿Ya estoy tan atrás?"

Sally, de dieciséis años, entra de puntillas en el confesionario de las Santas Vírgenes Martirizadas.

Iglesia, donde el Padre Fumble está sentado.

"Padre", susurra Sally, "¡he pecado!".

"¡Cuéntamelo todo!", responde el joven sacerdote.

"Bueno, padre", continúa Sally, "mi novio Willy vino a casa conmigo el otro día y me lo llevé a mi habitación".

"¿En serio?" dice el Padre Fumble. "¿Y qué pasó ahí dentro?"

"Bueno, padre", continúa Sally, "Willy me empujó de nuevo a la cama y empezó a quitarme la ropa".

"¿En serio?" dice el Padre Fumble. "¿Y qué pasó después?"

"¡Entonces Willy se quitó la ropa y saltó encima de mí!", solloza Sally.

"¡Ejem!" tose Fumble, aclarándose la garganta. "Y dime, hija mía, ¿sentiste su órgano entrando entre tus piernas?".

"No soy músico", responde Sally, "¡pero diría que parecía más una flauta!".

Nivedano...

Nivedano...

Guarda silencio... cierra los ojos. Siente que tu cuerpo se congela.

Mira hacia dentro con tu totalidad, de frente.

Un poco más y te encontrarás con tu verdadero yo.

Fuera llueve, pero dentro sólo hay niebla.

Empápate de él.

Quítate la máscara, y cuando vuelvas, vuelve con tu cara original.

Tu rostro original es el buda.

Para cogerlo totalmente... Nivedano...

Relájate... observa el cuerpo y la mente, y recuerda que no eres ninguno de los dos. Tú eres el observador.

Esta velada, ya de por sí hermosa, se vuelve más extática con su contemplación. Sólo con mirar, sentirás el vacío más absoluto.

El vacío es el nombre del propio buda.

Este silencio...

todos ustedes se han convertido en uno en una conciencia oceánica.

Se pierden las fronteras, se olvidan los límites...

Recoge esta experiencia, porque tienes que llevarla veinticuatro horas—en todas tus acciones y gestos, palabras y silencios.

Nivedano...

Vuelve, pero vuelve con tu cara original.

Silencioso, pacífico, elegante... un buda.

Siéntate como un buda durante unos segundos, y recuérdalo veinticuatro horas.

No es un logro, es sólo un recuerdo de tu yo olvidado.

Es obvio, pero también misterioso.

¿De acuerdo Maneesha?

Sí, amado Maestro.

¿Podemos celebrar la reunión de los diez mil budas?

Sí, amado Maestro.

El Buda: El vacío del corazón

Este conocimiento es una transformación

NUESTRO AMADO MAESTRO,
UN LAICO PREGUNTÓ A BANKEI: "AUNQUE ESTOY AGRADECIDO POR SUS ENSEÑANZAS SOBRE LA FALTA DE NACIMIENTO, LOS PENSAMIENTOS DE LOS HÁBITOS MENTALES APLICADOS CONSTANTEMENTE SURGEN CON FACILIDAD, Y ME PIERDO EN ELLOS Y TENGO DIFICULTADES PARA PERMANECER CONTINUAMENTE SIN NACER. ¿CÓMO PUEDO APLICAR LA FE DE TODO CORAZÓN?".

BANKEI RESPONDIÓ: "SI INTENTAS DETENER LOS PENSAMIENTOS QUE SURGEN, LA MENTE QUE DETIENE Y LA MENTE DETENIDA SE DIVIDEN EN DOS Y NUNCA TENDRÁS PAZ MENTAL. CONFÍA EN QUE LOS PENSAMIENTOS SON ORIGINALMENTE INEXISTENTES, PERO SURGEN Y CESAN TEMPORALMENTE, CONDICIONADOS POR LO QUE SE VE Y SE OYE, Y NO TIENEN SUSTANCIA REAL".

OTRO LEGO PREGUNTÓ: "CUANDO ELIMINO LOS PENSAMIENTOS QUE SURGEN, SIGUEN SURGIENDO DE LOS RASTROS, SIN DETENERSE NUNCA. ¿CÓMO PUEDO CONTROLAR ESTOS PENSAMIENTOS?"

BANKEI REPLICÓ: "BORRAR LOS PENSAMIENTOS QUE SURGEN ES COMO LAVAR SANGRE CON SANGRE; AUNQUE SE QUITE LA PRIMERA SANGRE, LA SANGRE

DEL LAVADO SIGUE MANCHANDO; POR MUCHO QUE SE LAVE, LA MANCHA NO SE QUITA.

"ESTA NO-MENTE ES ORIGINALMENTE NO-NACIDA E IMPERECEDERA Y SIN ILUSIÓN. SIN DARTE CUENTA DE ESTO, PENSANDO QUE LOS PENSAMIENTOS SON COSAS EXISTENTES, DEAMBULAS EN LAS RUTINAS DEL NACIMIENTO Y LA MUERTE.

"COMPRENDIENDO QUE LOS PENSAMIENTOS SON SÓLO APARIENCIAS TEMPORALES, DEBES DEJARLOS SER COMO EMPIEZAN Y TERMINAN, SIN AFERRARTE A ELLOS NI RECHAZARLOS. ES COMO LAS IMÁGENES REFLEJADAS EN UN ESPEJO; COMO EL ESPEJO ES CLARO Y BRILLANTE, REFLEJA TODO LO QUE SE LE PRESENTA, PERO NO CONSERVA LAS IMÁGENES.

"LA NO-MENTE ILUMINADA ES INFINITAMENTE MÁS BRILLANTE Y CLARA QUE UN ESPEJO Y TAMBIÉN ES RADIANTEMENTE CONSCIENTE, POR LO QUE TODOS LOS PENSAMIENTOS SE DISUELVEN EN ESA LUZ SIN DEJAR RASTRO. SI PUEDES CREER Y CONFIAR EN ESTA VERDAD, POR MUCHO QUE SURJAN, NO SERÁN UN OBSTÁCULO".

Maneesha, Gautama el Buda marca un hito en la historia de la conciencia. La sociedad y la religión y la civilización que existían antes de él no podían ser las mismas después de él.

No es más que una obsesión cristiana hacer de Jesucristo la línea que divide el pasado de la sociedad actual. Y también se debe al hecho de que Oriente nunca ha escrito la historia. Nunca se ha interesado por los hechos históricos por la sencilla razón de que si todo es ilusorio, cambiante, ¿qué importa quién llegue a gobernar? ¿Qué importa lo que ocurra en el mundo exterior? No es lo real.

En cuanto a lo eterno y lo real, es intemporal, no hay cuestión de historia en absoluto. La historia sólo puede ser de acontecimientos exteriores, no puede ser de lo interior. Y como todo Oriente se concentraba en lo interior, nunca se preocupó por la historia. Su concentración se dirigía más hacia cómo expresar lo interior a aquellos que están ciegos, a aquellos que viven en la oscuridad. ¿Cómo llevarles la luz?

No sabemos cuántos budas han permanecido en silencio. No sabemos cuántos budas precedieron a Gautam Buda. Simplemente no nos hemos preocupado por ese tipo de cosas: el nacimiento, la muerte... todas esas cosas son efímeras. Pero la actitud occidental es hacia afuera. Y como el cristianismo se convirtió en la religión más grande del mundo, ha hecho de Jesucristo la línea divisoria entre la sociedad primitiva, bárbara, y la sociedad que existe ahora. Por eso siempre nos referimos a Jesús: "Antes de Cristo" o "Después de Cristo".

Bertrand Russell estaba escribiendo la historia del mundo. Se enfrentó a la idea de que es absolutamente injustificado dividir el desarrollo de la sociedad con el nombre de Jesús. La verdadera división se produjo hace veinticinco siglos con Gautam Buda. Una historia auténtica debe referirse a Gautam Buda. Cualquier incidente debe describirse como "Antes de Gautam Buda" o "Después de Gautam Buda".

No hay comparación entre Jesús y Gautam Buda. Ni siquiera afirmaba que estaba iluminado; ni siquiera había oído lo que es la meditación. Sólo afirmaba que era el último profeta de los judíos. Su contribución a la historia no es nada. Pero la contribución de Gautam Buda a la conciencia humana es inmensa, inconmensurable.

Bertrand Russell era un hombre muy imparcial. Pero aún así, los prejuicios de la infancia le dominan incluso a los ochenta o noventa años. Mucho antes había renegado de su cristianismo. Había escrito un libro, POR QUÉ NO SOY CRISTIANO, y antes de que la religión cristiana lo expulsara, él mismo había expulsado a la religión. Así que no era un cristiano ortodoxo, ni siquiera un cristiano, pero cuando se le planteó la cuestión de qué hacer con Jesucristo y Gautam Buda, escribe en sus diarios: "Durante días no pude dormir. Sabía que era Gautam Buda, pero mi profundo condicionamiento, del que nunca había sido consciente, insistía en que tenía que ser Jesucristo. Jesucristo es nuestro; Gautam Buda es un extranjero". Finalmente cedió a su condicionamiento.

Nadie antes ni después de Bertrand Russell se ha enfrentado al problema. Aún continúa.

Incluso los no cristianos han aceptado la idea de que la historia está dividida por Jesucristo.

Quiero dejarles claro que Gautam Buda es la línea divisoria del pasado: su pasado, no nuestro pasado. Ahora ha llegado de nuevo el momento; veinticinco siglos son suficientes. Y ése fue su cálculo, que después de veinticinco siglos debía comenzar una nueva humanidad, un nuevo hombre, una nueva cultura, una nueva visión, una nueva conciencia. Según él, vivimos en una época muy afortunada: una época de crisis tremenda, pero de grandes retos e incontables posibilidades.

Hablo del zen simplemente para dejar claro que todas las religiones han quedado desfasadas.

El Zen no se aferra al pasado. No es un subproducto del pasado, sino una apertura hacia el futuro. No estoy perdiendo innecesariamente mi tiempo ni el vuestro. No es casualidad que haya elegido hablar del Zen.

Hemos llegado a un punto de ruptura con la sociedad en la que hemos vivido, un momento de tremenda ruptura para la conciencia. La forma en que el hombre se ha sentido hasta ahora no ha sido saludable. La forma en que las sociedades se han estructurado ha sido muy enferma. Toda la civilización es casi inexistente.

Cuando le preguntaron a H.G. Wells, dijo que la civilización es una buena idea, pero que alguien tiene que hacerlo... aún no ha ocurrido. Seguimos viviendo a la sombra de la barbarie.

Gautam Buda no ha sido escuchado, no ha sido recibido en todo el mundo. Parece casi como si fuera una figura mitológica. Es una de las personas más integradas, el ser humano más despierto que hemos producido.

El futuro puede ser una discontinuidad con nuestro pasado sólo si el buda no es un logro difícil y arduo... y no lo es. Podemos crear una sociedad en la que todo el mundo sea un buda. No digo budista, que es una palabra fea. El futuro no tiene que estar dominado por ningún "ismo". Pero sólo la pureza y la grandeza del hombre Buda es tan seductora; ha tocado la cima más alta posible para el hombre. Y ahora ha hecho posible que todos los hombres toquen esa cima. Cada vez que un hombre alcanza un cierto punto en la conciencia, ese punto se vuelve fácilmente disponible para cualquiera que quiera buscarlo.

Gautam Buda es un pionero. No tienes que pasar por todas las dificultades por las que él pasó. Él tuvo que hacerlo, porque no había precedentes. Pero para ti hay mil y un precedentes.

El Zen ha producido los mejores maestros, y todos ellos proclaman una discontinuidad con el pasado y traen un hombre nuevo: el buda, el hombre despierto, un hombre que vive conscientemente. Estamos haciendo este gran experimento. No se trata de discursos o charlas corrientes. No me interesa ninguna filosofía ni ideología política. Me interesa directamente transformaros a vosotros, que os habéis reunido a mi alrededor.

Esta transformación es un fenómeno sencillo, una vez comprendido. Lo que ha preguntado un profano al maestro Bankei es significativo para todos vosotros.

Bankei es, en cierto modo, un hombre muy sencillo, que no habla en jerga filosófica sino en lenguaje cotidiano, exponiendo puntos muy claros. Basta un poco de inteligencia para entenderle. Es un hombre que ha estado en las cumbres de la conciencia y ha regresado al mundo para transmitir el mensaje.

PREGUNTÓ UN LEGO A BANKEI,

"AUNQUE ESTOY AGRADECIDO POR SUS ENSEÑANZAS SOBRE LA FALTA DE NACIMIENTO, LOS

PENSAMIENTOS DE LOS HÁBITOS MENTALES APLICADOS CONSTANTEMENTE SURGEN CON FACILIDAD, Y ME PIERDO EN ELLOS Y TENGO DIFICULTADES PARA PERMANECER CONTINUAMENTE SIN NACER. ¿CÓMO PUEDO APLICAR LA FE DE TODO CORAZÓN?"

La fe es una traducción errónea. Por desgracia, todas estas traducciones han sido realizadas por misioneros cristianos. Debió existir una palabra que era algo así como confianza, no fe. Pero para el cristiano ambas parecen ser sinónimos.

Hace unos días, un japonés que está traduciendo uno de mis libros sobre el Dhammapada -la mayor escritura de Gautam Buda, "el camino de la religiosidad"- me escribió: "Me sorprendió: no sabes japonés, no sabes pali, no sabes sánscrito. Y en tus charlas sobre el Dhammapada, en muchos lugares has cambiado palabras que han puesto los misioneros cristianos". Se quedó simplemente asombrado porque buscó en las traducciones japonesas y comprobó que yo tenía razón en todo momento. No podía creer cómo un hombre que no entiende japonés puede decir que, en lugar de "fe", debería estar la palabra "confianza".

Puedo entender su dificultad, pero no es un asunto difícil para mí. No soy un comentarista. Cuando hablo de alguien, no tengo ningún compromiso excepto con mi propia comprensión, con mi propia iluminación. Y cuando digo que algo está mal cambiado, mal traducido, no significa que entienda el japonés o el chino del que se ha hecho la traducción. Significa simplemente que conozco el corazón mismo de Gautam Buda. Conozco la vacuidad de ese corazón, es mi propia experiencia. Ningún maestro que haya tocado el vacío del corazón puede hablar en términos de fe. La fe es sólo para los ciegos.

Ya te he contado la historia. Había un ciego que era un gran lógico, en tiempos de Buda. No hay ninguna dificultad; no se necesitan ojos para ser un lógico. Y como era un gran lógico, nadie pudo demostrarle que la luz existe. Argumentó, y argumentó tan claramente: "O te estás engañando a ti mismo, o quieres que me humillen como a un ciego. Pero yo digo que no hay luz".

Y su razonamiento era muy claro, cristalino. Dijo: "Estoy preparado para cualquier experimento. Quiero tocarla... llévame a donde hay luz. Quiero probarla. Estoy listo para olerla, estoy listo para oír su sonido".

Naturalmente, la gente no sabía qué hacer. ¿Qué hacer con este hombre? Es ciego, pero es un gran polemista. En lo que a discusiones se refiere, siempre sale vencedor, porque nadie puede conseguir el sonido de la luz; no existe nada parecido... el sabor de la luz, o el tacto de la luz.

Una vez, Gautam Buda se dirigía a la capital, Vaishali, y pasó por delante del pueblo donde vivía el ciego. La gente pensó: "Esta es una buena oportunidad. Quizá sea la última oportunidad: si este hombre puede derrotar a Buda con sus argumentos, ¡estamos acabados! Tal vez la luz no exista. Tal vez estemos soñando con la luz".

Eso es lo que solía decir a la gente: "Estás soñando. Tranquilízate, estate alerta: no hay luz, todo es oscuridad".

Llevaron al hombre ante Buda. Pensaron que Buda discutiría con él, pero en lugar de discutir, Buda dijo: "Le habéis traído a una persona equivocada. No necesita más argumentación, porque ninguna argumentación puede probar la luz. Necesita un médico, un cirujano".

Buda tenía su propio médico personal, el mejor médico de la época, que le fue entregado por el rey de Vaishali. El médico le siguió continuamente durante cuarenta y dos años, hasta su último aliento, como una sombra que cuidaba de él. Era frágil.

Le dijo a su médico: "Tome este caso en sus manos. Me iré mañana por la mañana, pero quédese hasta que termine con este caso".

El médico miró al hombre a los ojos y le dijo: "No tardaré mucho. Pronto le alcanzaré. Sus ojos sólo están cubiertos por una fina capa que puede retirarse. En pocas semanas podrá ver la luz".

Al cabo de seis semanas, el médico fue con el hombre a otra aldea a la que había ido Buda. El hombre llegó bailando. Cayó a los pies de Gautam Buda y dijo: "Perdóname. No podía creer algo que no era mi experiencia; no soy un hombre de fe. Pero ahora que puedo ver la luz, ha surgido en mí una tremenda confianza. En tu compasión no discutiste sobre ello sino que simplemente diagnosticaste el caso y me entregaste al médico".

La fe es para los ciegos; la confianza es para quien ha probado algo de lo último. Los fieles son los seguidores. No quiero que nadie aquí crea o tenga fe. Quiero que confíes en ti mismo; que si Gautam Buda puede convertirse en un Everest de la consciencia, ha demostrado que toda consciencia humana tiene el mismo potencial. Confía en ello, confía en ti mismo.

Hay que recordar esta distinción. La creencia es siempre la ideología de otro, y la fe es la personalidad de otro.

Confía en tu propia potencialidad.

Y porque un hombre te lleva a tu potencialidad, tienes una tremenda gratitud hacia él, no fe. Pero, desgraciadamente, sólo los misioneros cristianos han estado haciendo el trabajo de traducir; nadie más está interesado en traducir. E inconscientemente, llevan su propio condicionamiento—que es de fe—a sus traducciones. Uno puede decir inmediatamente quién es el traductor de cualquier pasaje. ¿Es cristiano, mahometano, hindú o jaina? ¿O es un hombre de su propio entendimiento, que no pertenece a ninguna religión organizada? Sólo un hombre que conoce la verdad puede dar a una traducción el sabor de la verdad.

Los cristianos sólo conocen la fe: "Ten fe en Jesucristo". ¿Pero por qué debe uno tener fe en Jesucristo? ¿Quieres ser crucificado?—¡porque ese debe ser el último logro! Y no creo que resucites; tampoco resucitó Jesús, sólo escapó de la cueva.

Tuvo la suerte de que su país, Judea, estuviera bajo el imperio romano. Así que al gobernador romano Poncio Pilato no le interesaba en absoluto crucificar a un neurótico inocente. Un hombre que afirma: "Soy el único hijo de Dios" sólo puede ser considerado un neurótico.

Pero no es perjudicial, que lo piense... no está haciendo ningún daño a nadie.

Poncio Pilato opinaba que Jesús era inocente; no había cometido ningún delito, y si disfruta con la idea de que es el hijo unigénito de Dios, ¡que disfrute!

Si estás celoso, puedes tener otra idea: "Yo soy el único padre de Dios". No creo que nadie pueda refutarte, nadie tiene pruebas. Es lo mismo que ser el hijo de Dios. Puedes ser el padre de Dios, o el hermano de Dios. Es, en primer lugar, tu imaginación, alucinación—es inocente.

Si te encuentras con alguien que te dice: "¿Sabes que soy el padre de Dios?", ¿crees que hay que crucificarlo? Un tipo muy simpático, simplemente te dice al oído una verdad en la que cree. Sabes que se ha descarriado, pero eso no significa que necesite una crucifixión. Tiene que ser disfrutado, entretenido—dale una fiesta donde pueda declarar "Soy el padre de Dios". Aplaudidle y bailad con él, porque es muy raro encontrar un Dios, ¡y vosotros habéis encontrado al padre de Dios! Quizá él pueda darte alguna pista de dónde se esconde Dios.

Los judíos eran demasiado serios. Acosaron innecesariamente a Jesús; él no había hecho ningún daño a nadie. Pero toda religión organizada tiene un ego, un gran ego. Jesús estaba haciendo del judaísmo un hazmerreír. Montado en su burro, yendo de pueblo en pueblo, declarando "Yo soy el unigénito de Dios"—no era un crimen, pero hería el ego de los judíos. "Este hombre sentado en el burro... el hijo de un pobre carpintero, y es bien sabido que no ha nacido de su propio padre. ¿Aceptarlo como nuestro último profeta...?"

Era difícil para el ego de los judíos; por lo demás, era un asunto inocente. No había necesidad de enfadarse con el pobre hombre. Necesitaba tratamiento psiquiátrico, sólo buena alimentación, cuidados, y tal vez hubiera salido de su neurosis.

Si me lo encuentro en algún sitio, un simple "Yaa-Hoo" y bajará del burro: "¡Puedes llevarte mi burro, no quiero discutir!". Simplemente necesitaba un pequeño tratamiento hipnótico, un reacondicionamiento, una reprogramación, y habría estado perfectamente sano y él mismo se habría reído de la idea. Pero la mitad de la humanidad cree y tiene fe en Jesús. Esto demuestra el retraso de la humanidad.

Ciertamente, esta frase "fe de todo corazón" es una interpretación cristiana. No es la visión de quienes trabajan en el camino que recorrió Gautam Buda. No es un camino de creencia o fe. De hecho, tienes que desechar todas tus creencias y toda tu fe. Tienes que estar limpio, sin cargas, porque vas a tocar las alturas. Todas estas cargas obstaculizarán tu progreso. Vas a conocer la verdad misma, así que no lleves ninguna idea de la verdad porque esas ideas de la verdad se interpondrán entre tú y la verdad. Sé completamente limpio—ese es el significado del corazón vacío del buda.

Pero la pregunta que el profano hace a Bankei es importante para todos vosotros. Excepto por esa palabra, toda la pregunta es importante para todo meditador. La repetiré.

UN PROFANO PREGUNTÓ A BANKEI: "AUNQUE ESTOY AGRADECIDO POR SUS ENSEÑANZAS SOBRE LA AUSENCIA DE NACIMIENTO, LOS PENSAMIENTOS DE LOS HÁBITOS MENTALES APLICADOS CONSTANTEMENTE SURGEN CON FACILIDAD, Y ME PIERDO EN ELLOS Y TENGO DIFICULTADES PARA PERMANECER CONTINUAMENTE SIN NACER. ¿CÓMO PUEDO APLICAR LA CONFIANZA DE TODO CORAZÓN?".

Esta es la dificultad de todo meditador. Con diferentes nombres el problema es el mismo. El problema es que en tus meditaciones, por una fracción de segundo tal vez tengas un vislumbre, un sabor del éxtasis eterno. Pero no puedes seguir recordándolo durante veinticuatro horas. Los viejos hábitos, la vieja mente sigue interfiriendo de muchas maneras. Es un fenómeno extraño porque sólo lo experimentan los meditadores. Los no meditadores nunca lo experimentan porque no tienen el contexto.

Un meditador experimenta, pero cuando vuelve de esas capas profundas, de vuelta a su mundo ordinario, a la circunferencia, la mente empieza a crear dudas: "Has estado soñando. ¿Qué tontería es esta eternidad? ¿Estás loco, que con sólo cerrar los ojos alcanzas la verdad última?". La mente empieza a crear dudas.

Y la mente es tu vieja amiga: cuatro millones de años ha tardado en desarrollarse. Tu meditación es muy nueva, muy fresca, apenas una semilla germinada; tu mente es un cedro del Líbano, de doscientos, trescientos pies de altura, que casi alcanza las estrellas.

Cuando llegas a la circunferencia con tu experiencia, de repente hay un conflicto entre la nueva experiencia y la vieja mente de cuatro millones de años. Esta mente será casi como una montaña, y tu experiencia es sólo una flor de rosa. Así que una y otra vez te verás atrapado por la mente.

Eso es lo que el laico le dice a Bankei: "Entiendo tu enseñanza, estoy agradecido por ella. Pero es muy difícil recordar que nunca he nacido, que nunca he muerto, que soy la inmortalidad misma. Cuando vuelvo a la vida ordinaria, pesa demasiado sobre la nueva experiencia, que no es más que un brote que se abre. La aplasta por completo".

La mayoría de los meditadores abandonan la idea al cabo de unos días, viendo la situación, que no sirve de nada. Es sólo un vislumbre y luego vuelves a tu mundo miserable. Y el mundo miserable es tan poderoso que incluso empiezas a sospechar que estabas soñando. Tu propia experiencia se convierte en un eco lejano, como si hubieras oído a otra persona contártelo, y no que tú lo hayas experimentado. Va en contra de todo tu condicionamiento.

Así que esta pregunta del lego es la pregunta de todos los meditadores.

BANKEI RESPONDIÓ,

"SI INTENTAS DETENER LOS PENSAMIENTOS QUE SURGEN,

LA MENTE QUE SE DETIENE Y LA MENTE DETENIDA
SE DIVIDEN EN DOS
Y NUNCA TENDRÁS TRANQUILIDAD.
SÓLO CONFÍA EN QUE LOS PENSAMIENTOS SON
ORIGINALMENTE INEXISTENTES
SINO QUE SURGEN Y CESAN TEMPORALMENTE,
CONDICIONADAS POR LO QUE SE VE Y SE OYE, Y NO
TIENEN SUSTANCIA REAL".

Está diciendo que todo meditador llega a este punto: ha conocido un pequeño espacio de ausencia de pensamiento, por lo que la conclusión natural parece ser que si puede detener el proceso de pensamiento, entonces volverá a tener ese cielo abierto. Pero, ¿con qué va a detener el proceso de pensamiento? Incluso esta idea de detener el proceso de pensamiento es de la mente. Así que tu mente se divide en dos: la que detiene y la que es detenida.

Ahora nunca tendrás paz. Tu propia mente está continuamente en lucha: una parte está tratando de detenerlo, otra parte se está rebelando contra detenerlo. Y recuerda, la parte que está tratando de detenerlo es muy nueva y la parte que tú estás tratando de detener es muy antigua. En esta lucha, en este combate, no vas a ganar. Se puede decir que tu derrota es absolutamente segura.

Muchas personas han empezado a meditar y luego han dejado de hacerlo porque finalmente ven esto y dicen: "¿De qué sirve tener un simple atisbo de alegría? Hace que la vida sea aún más terrible en comparación". Si un ciego ve la luz durante un segundo y vuelve a quedarse ciego, ahora su ceguera será intolerable. Ahora sabe que hay luz, y es incapaz de verla porque ha vuelto a quedarse ciego.

Un meditador tiene que acordarse de no luchar con los pensamientos. Si quieres ganar, no luches. Es una regla muy sencilla. Si quieres ganar, simplemente no luches. Los pensamientos vendrán como siempre. Tú simplemente observa, escondiéndote detrás de tu manta; deja que vayan y vengan. Simplemente no te involucres con ellos.

La cuestión es no involucrarse de ninguna manera: aprecio o condena, cualquier juicio, malo o bueno. No digas nada, mantente absolutamente distante y deja que la mente se mueva a su manera rutinaria. Si puedes manejarlo... y esto ha sido manejado por miles de budas, entonces no hay problema. Y cuando digo que esto se puede manejar, lo digo con mi propia autoridad. No tengo ninguna otra autoridad.

He luchado y me he torturado luchando y he conocido toda la división que crea una miseria y una tensión constantes. Finalmente viendo el punto de que la victoria es imposible, simplemente abandoné la lucha. Dejé que los pensamientos se movieran como quisieran; ya no me interesan.

Y esto es un milagro, que si no estás interesado, los pensamientos empiezan a venir menos. Cuando estás completamente desinteresado, dejan de venir. Y un estado de no-pensamiento, sin ninguna lucha, es la paz mas grande que uno haya conocido. Esto es lo que llamamos el corazon vacio del Buda.

PREGUNTÓ OTRO LEGO,

"CUANDO BORRO LOS PENSAMIENTOS QUE SURGEN SIGUEN SALIENDO DE LOS RASTROS, SIN PARAR. ¿CÓMO PUEDO CONTROLAR ESTOS PENSAMIENTOS?"

Parece que Bankei tiene auténticos discípulos interesados en la meditación, porque todas sus preguntas son las eternas preguntas de los meditadores. El que pregunta dice: "CUANDO ELIMINO LOS PENSAMIENTOS QUE SURGEN, SIGUEN SALIENDO DE LAS RAZONES, SIN PARAR NUNCA. ¿CÓMO PUEDO CONTROLAR ESTOS PENSAMIENTOS?"

La idea misma de control es de lucha. La idea misma de control te involucra. No tienes que detenerlos, no tienes que aniquilarlos. Volverán. No tienes que controlarlos, porque el esfuerzo mismo de controlarlos te mantendrá involucrado en el proceso de control... y un hecho extraño que hay que recordar es que el amo es tan esclavo de su propio esclavo como el esclavo es esclavo del amo. Si consigues controlar tus pensamientos, te quedas atrapado en el control. No puedes abandonar ese lugar, no puedes irte de vacaciones. Controlas tus pensamientos y tus pensamientos te controlan a ti.

No puedes pasar a la meditación controlando.

Sólo puedes entrar en meditación siendo indiferente, sólo un observador. No importa si viene o no; deja que los pensamientos fluyan por sí mismos y mantente al margen, simplemente observando. La palabra "observar" significa simplemente ser un espejo, reflejando y no haciendo ningún comentario. Ningún espejo hace ningún comentario. Ningún espejo te dice: "¡Ajá, qué hermoso!". No le interesa si eres guapo o raro, cuerdo o loco, si estás de pie o de cabeza. Para el espejo no hay diferencia, el espejo simplemente refleja.

El observador es un espejo. Simplemente observa y permanece vacío. El espejo no atrapa ningún contenido. Las cosas van y vienen, el espejo no se aferra a nada. El espejo no está a favor o en contra de algo. No tiene nociones de lo que pasa ante él.

He oído hablar de un rabino Hassid... El jasidismo es lo más parecido al zen. Es una pequeña rama de judíos rebeldes. No son aceptados por los ortodoxos, por la religión organizada, pero tienen un pequeño linaje de gente muy hermosa. Si el judaísmo ha aportado algo a la humanidad, es el jasidismo, aunque no lo acepten. Condenan a los jasídicos porque hacen todo lo que no es ortodoxo ni tradicional: no se ajustan a la religión organizada, son independientes y rebeldes.

Este místico hassid caminaba en medio de la noche hacia el río, sólo para sentarse allí en silencio. Un vigilante de un gran palacio solía verle llegar todas las noches a medianoche. Finalmente le fue imposible resistirse, y el vigilante detuvo al hassid y le preguntó: "Llevo meses vigilando. No has faltado ni una sola noche; vas todas las noches a medianoche hacia el río. ¿Qué haces? Te he visto, te he seguido, porque es mi trabajo vigilar alrededor del palacio y al principio sospeché. Este hombre viene todas las noches, pasa por delante del palacio... así que te he seguido, pero tú simplemente no te fijas en el palacio ni en nadie que te siga. Simplemente vas al río y te sientas en la orilla durante horas. ¿Qué haces ahí?"

El jasid dijo: "Yo también soy un vigilante. Igual que tú vigilas el palacio, yo vigilo mi propia mente".

A medida que la observación crece, sin lucha alguna, los pensamientos desaparecen. Y cuando el corazón está vacío, tú eres el buda.

BANKEI RESPONDIÓ,

"BORRAR LOS PENSAMIENTOS QUE SURGEN ES COMO LAVAR SANGRE CON SANGRE..."

Ya les he dicho que es un hombre muy sencillo. Sin jerga filosófica, ha conseguido simplemente, en lenguaje cotidiano, decir algo muy significativo.

BORRAR LOS PENSAMIENTOS QUE SURGEN ES COMO LAVAR LA SANGRE CON SANGRE; AUNQUE SE QUITE LA PRIMERA SANGRE, LA SANGRE DEL LAVADO SIGUE MANCHANDO; POR MUCHO QUE SE LAVE, LA MANCHA NO SE QUITA.

Luchar con pensamientos es simplemente eliminar pensamientos con pensamientos, lavar sangre con sangre. Esta idea también es un pensamiento, que no debe haber pensamientos, que "no quiero pensamientos". Eso también es un pensamiento. Al observador no se le permite tener ni siquiera este prejuicio.

Si están ahí, es feliz. Si no están, es feliz. Simplemente no se preocupa.

ESTA NO-MENTE ES ORIGINALMENTE NO-NACIDA E IMPERECEDERA Y SIN ILUSIÓN.

SIN DARSE CUENTA DE ESTO, PENSANDO QUE LOS PENSAMIENTOS SON COSAS EXISTENTES,

DEAMBULAS EN LAS RUTINAS DEL NACIMIENTO Y LA MUERTE.

Bankei está diciendo que si conoces un momento de silencio en el que no hay pensamientos, podrás ver que esos pensamientos no son realidades. Están hechos de la misma materia de la que están hechos los sueños. Son sueños despiertos. No tienes que luchar con ellos, sólo tienes que observar en silencio. A medida que tu observación sea más profunda, empezarán a desaparecer. Y en su lugar surge la experiencia de la no-mente, de la vacuidad, ORIGINALMENTE INEXISTENTE Y SIN ILUSIÓN. SIN DARTE CUENTA DE ESTO, PENSANDO QUE LOS PENSAMIENTOS SON COSAS EXISTENTES, VAGAS POR LAS RUTINAS DEL NACIMIENTO Y LA MUERTE.

Es tu mente la que te ha estado llevando a través del nacimiento y la muerte en un círculo, una y otra vez, una miseria tras otra miseria. Tienes que salir de este círculo, y la única manera de hacerlo es simplemente ser testigo.

COMPRENDIENDO QUE LOS PENSAMIENTOS SON SÓLO APARIENCIAS TEMPORALES,

HAY QUE DEJARLES SER COMO EMPIEZAN Y PARAN, SIN ASIRLOS NI RECHAZARLOS.

No hagas nada.

ES COMO LAS IMÁGENES REFLEJADAS EN UN ESPEJO; COMO EL ESPEJO ES CLARO Y BRILLANTE, REFLEJA TODO LO QUE SE LE PRESENTA, PERO NO CONSERVA LAS IMÁGENES.

Sólo sé un espejo.

LA NO-MENTE ILUMINADA ES INFINITAMENTE MÁS BRILLANTE Y CLARA QUE UN ESPEJO Y TAMBIÉN ES RADIANTEMENTE CONSCIENTE, POR LO QUE TODOS LOS PENSAMIENTOS SE DISUELVEN EN ESA LUZ SIN DEJAR RASTRO. SI PUEDES CREER Y CONFIAR EN ESTA

VERDAD, POR MUCHO QUE SURJAN, NO SERÁN UN OBSTÁCULO.

De nuevo, me opongo a la palabra "creencia". No es necesario. Estás observando y ves que los pensamientos desaparecen como sombras. Es tu experiencia. Esta frase trae de nuevo la mente cristiana. SI PUEDES CREER Y CONFIAR EN ESTA VERDAD.... La verdad no necesita confianza, ni creencia. Simplemente la conoces. Y una vez que la conoces, has alcanzado la libertad.

Este saber no es algo parecido al conocimiento. Este conocimiento es una transformación. Has pasado de la mente a la no-mente. Has pasado del cuerpo al no-cuerpo. Has pasado de la forma a la falta de forma. Es una transformación. No se trata de creer, confiar o tener fe. Pero comprendo la dificultad del pobre traductor.

Hace lo que puede, pero sus condicionamientos aparecen aquí y allá, sin querer.

No culpo a estos traductores, pero han creado una dificultad para Occidente. Sólo leyéndolos, la mente occidental no podrá entender exactamente dónde han traducido mal. Yo puedo ver dónde se han equivocado. Y puedo indicarles que cuando se ve, se ve; cuando se sabe, se sabe—sin creencia, sin fe. Esas son palabras que pertenecen al mundo de los ciegos. Estamos entrando en el mundo de los budas.

Un haiku... sólo una pequeña declaración, pero mucho más valiosa que las grandes escrituras sagradas:

CUANDO EL SOÑADOR DESPIERTA ES AUSENCIA ABSOLUTA.

Te despiertas todos los días—tienes esta experiencia—y en el momento en que te despiertas, los sueños están ausentes. Este no es el despertar definitivo. Cuando te despiertas en meditación, no sólo los sueños están ausentes, tú estás ausente. Tu ausencia hace que sea el corazón vacío del buda.

Pregunta 1:

Maneesha ha preguntado:

NUESTRO AMADO MAESTRO,

AYER RECORDÉ MI VACÍO MÁS A MENUDO QUE CUALQUIER OTRO DÍA. ME ACORDÉ EN LA SASTRERÍA, UN CRITERIO CRUCIAL. INCLUSO ME ACORDÉ EN LA HORA PUNTA DEL COMEDOR MARIAM, LA PRUEBA DEFINITIVA.

LE HE ENTENDIDO DECIR QUE, ESFORZÁNDONOS, CON EL TIEMPO NOS INCULCAREMOS UNA CONCIENCIA AUTOPERPETUADA QUE FINALMENTE NO NECESITARÁ NUESTRO RECUERDO ACTIVO; SE HABRÁ CONVERTIDO EN UN TELÓN DE FONDO CONSTANTE DE TODO LO QUE HACEMOS.

ESTO DEBE SER DIFERENTE DE SIMPLEMENTE CULTIVAR UN BUEN HÁBITO, PERO ¿EN QUÉ SE DIFERENCIA?

Maneesha, es absolutamente diferente de cultivar un buen hábito. No estás cultivando nada, simplemente estás recordando. Estás recordando tu propia experiencia. Al cultivar un buen hábito, no sabes si es realmente bueno o sólo una conveniencia social. No sabes quién ha decidido que es bueno, porque en cada sociedad, cultura, civilización, se consideran buenas y malas cosas diferentes.

Cultivar un buen hábito es cultivar algo prestado: ésa es la diferencia. No te estoy diciendo que cultives, te estoy diciendo que recuerdes tu propia experiencia tanto como sea posible. Siempre que sea posible, recuérdala. Aliméntala más.

Es como regar un rosal, dar alimento a tu propia experiencia. El buen hábito no es tu experiencia.

Deberías echar un vistazo a los "buenos hábitos". Son todo conveniencias sociales. Y crean en ti una cierta personalidad que no es auténtica; no surge de ti mismo.

Proviene de otros: padres, profesores, sacerdotes, líderes sociales.

Cualquier cosa que venga de fuera de ti, ¡cuídate de ella! Por muy bueno que parezca, cualquier cosa cultivada te convierte en un hipócrita. Quiero que no seas hipócrita. Quiero que seas auténticamente tú mismo. No es un cultivo, es simplemente un recuerdo de tu propia naturaleza intrínseca.

El buda no es un extraño para ti; está sentado exactamente en el centro de tu conciencia. Tenemos que mirar constantemente en nuestro interior para que se convierta en algo casi natural, una corriente que fluye. No tienes que hacer nada, está ahí. Por eso digo que es lo más sencillo y, por desgracia, como es lo más sencillo y lo más obvio, se ha descuidado. Nadie se preocupa de quién eres. Tú mismo no te molestas.

Había una gran feria, y Mulla Nasruddin fue a la feria. No tenía sitio en ningún hotel. Un gerente se apiadó de él y le dijo: "Si estás dispuesto a compartir habitación, puedo arreglármelas para convencer a esta persona, que es un caballero: es una habitación de dos camas la que está ocupando."

Nasruddin no tuvo inconveniente; dijo: "Me parece muy bien, si él está dispuesto".

El otro hombre también estaba perfectamente preparado y dijo: "No hay ningún problema. Un hombre cansado, yendo de hotel en hotel... no hay problema. Yo voy a dormir, y él va a dormir".

Nasruddin entró en la habitación, le dijo al hombre: "¡Hola!". Y luego, con sus zapatos, su turbante, su abrigo, todo tal como estaba cuando había entrado, se fue a la cama. El hombre parecía un poco sorprendido. Y claro, con zapatos, turbante y abrigo no puedes dormir, no puedes relajarte. Así que Mulla se movía de un lado a otro, y debido a su movimiento el otro hombre no podía dormir. El otro hombre dijo: "Escucha, amigo, nunca he visto a nadie dormir con los zapatos puestos".

Mulla Nasruddin dijo: "Tampoco he oído hablar de nadie, pero estoy en apuros: Me gusta dormir desnudo como tú estás durmiendo desnudo..."

El hombre le preguntó: "¿Cuál es el problema?".

"El problema es que me reconozco con mi turbante, con mi abrigo, con mis zapatos. Si estoy desnudo, por la mañana ¿quién va a decidir quién es quién? Tú estás desnudo, yo estoy desnudo.

Ni yo sé quién soy, ni tú lo sabes".

El hombre dijo: "¡El problema es realmente grande! Pero hay que encontrar alguna solución, porque tengo que dormir".

Así que encontró un pequeño juguete que algún bebé debió dejar olvidado antes de que ocuparan la habitación. Cogió el juguete y le dijo: "Vamos a hacer una cosa: te lo ataré al pie, para que sepas que eres el hombre del juguete".

Nasruddin dijo: "¡Eres un gran genio! Si no, pensaba que moriría esta noche, asfixiado, con el abrigo y los zapatos". Así que se lo quitó todo y el hombre le ató el juguete al pie. Nasruddin empezó a roncar inmediatamente.

Entonces el hombre tuvo una idea: "Veamos qué pasa". Cambió el juguete, lo ató a su propio pie y se fue a dormir. Por la mañana ¡hubo caos! Nasruddin corría al aire libre... todo el hotel se reunió.

El director le preguntó: "¿Qué pasa?".

Dijo: "El asunto es muy metafísico. Me había ido a dormir con la idea de que yo era el hombre del juguete. Ciertamente no soy el hombre del juguete; el otro hombre tiene el juguete. El problema es que si no soy Nasruddin, ¿quién soy? Ciertamente no soy Nasruddin porque tenía el juguete; ese era mi símbolo".

El otro se despertó y le preguntó: "¿Sabes quién eres?". Él respondió: "Sólo sé que soy el hombre del juguete".

Nasruddin dijo: "¡Ya te había dicho antes que iba a crear problemas! Ahora voy a vivir toda mi vida sin saber quién soy. Tú eres Nasruddin, vale... ¿y yo qué?".

Podemos reírnos, pero así es como nos conocemos a nosotros mismos. ¿Cuál es tu identidad? Sólo un cierto rostro, que va cambiando. Afortunadamente no cambia a saltos—no conoce la iluminación repentina, sólo conoce la gradual. Va cambiando, pero muy gradualmente para que no sientas que es una cara diferente.

Cuando te acuestas tienes una cara; cuando te levantas por la mañana, ya no es la misma. Pero como el cambio es tan gradual, no te das cuenta. Por lo demás, todo está cambiando: te crece el bigote, te crece la barba, tu cara envejece. Todo en ti es un flujo, pero es muy gradual, por lo que parece casi estancado. De lo contrario, no tendrías identidad. Si todo fuera tan rápido que por la noche te fueras a dormir y por la mañana te despertaras y te encontraras con la cara de otra persona... Te miras al espejo... "¡Dios mío, ésta nunca fue mi cara!". O habías sido un hombre y ahora eres una mujer....

La naturaleza ha conseguido que las cosas cambien muy gradualmente, pero el cambio se está produciendo, hay que recordarlo. Y puedes sentir este cambio sólo si conoces algo dentro de ti que es inmutable. Contra lo inmutable, puedes ver lo cambiante.

Ese testigo es el único elemento inmutable en toda la existencia. Y cuando te conviertes en testigo y surge en ti una gran claridad, incluso los pequeños cambios que se producen en ti son tenidos en cuenta, se reflejan. No te fijas en ningún cambio, pero tu espejo sigue reflejando cómo vas envejeciendo, cómo vas pasando de la vida a la muerte, de la muerte a otro vientre. Tu espejo en su claridad te permitirá saber que eres un río, no un tanque de agua donde nada se mueve.

Maneesha, el buen hábito tiene que ser cultivado; tienes que forzarlo sobre ti mismo. Es sólo una fina capa - sólo un pequeño rasguño y olvidarás tu buen hábito y saldrá tu respuesta natural. Y tu respuesta natural va a ser bárbara porque nunca has ido más allá de tu barbarie.

Para mí, la meditación es la única civilización, la única cultura, la única religión. Te lleva más allá de todo, por encima de las nubes, y puedes ver todo lo que hay en ti a vista de pájaro. No necesitas repetir nada; ahora puedes ser original, responsable. Y para mí eso es lo único bueno de la existencia: responder con conciencia, responder espontáneamente, no a través del cultivo.

He oído hablar de un hombre que tenía un carácter tan colérico que mató a su hijo porque le había desobedecido. Y obligó a su mujer a tirarse al pozo porque intentaba proteger al niño. Todo el pueblo se reunió y el hombre se sintió muy avergonzado. Estaba tan avergonzado que dijo: "Renunciaré al mundo. Voy a convertirme en un santo". Un monje Jaina estaba en la ciudad. Fue a ver al monje y éste le dijo: "Es un camino muy difícil".

El hombre dijo: "Nada es difícil para mí. Puedes entenderlo—maté a mi hijo, obligué a mi mujer a saltar al pozo. ¿Crees que algo es difícil para mí?"

El monje Jaina dijo: "Tendrás que estar desnudo".

El hombre arrojó inmediatamente sus ropas; incluso el monje quedó conmocionado y sorprendido. Pero no comprendió que se trataba también de su temperamento colérico. El monje lo inició, y se hizo muy famoso. Recibió el nombre de Shantidas, que significa "servidor de la paz".

Después de veinte años... estaba en Nueva Delhi. Uno de sus amigos del pueblo estaba casualmente en Nueva Delhi, así que pensó: "Será bueno ver hasta dónde ha llegado Shantidas".

Así que fue a verle... había una gran multitud de fieles. Shantidas lo miró...

y le reconoció, pero él no mostró ningún signo de reconocimiento. Un hombre de su estatura no puede reconocer a un aldeano, aunque hayan sido amigos. El otro hombre comprendió inmediatamente: "Nada ha cambiado, porque me ha mirado como si no me hubiera reconocido... pero me ha reconocido. Puedo verlo en su cara".

Entonces el hombre se acercó y le dijo: "Tengo una pregunta sencilla que hacerle. ¿Cómo te llamas?"

Esto irritó mucho a Shantidas. Dijo: "¿No lees los periódicos? Toda la capital conoce mi nombre. Me llamo Muni Shantidas".

El hombre dijo: "Mi memoria es muy mala. ¿Podría repetirlo, por favor?"

Esto ya era demasiado. Él dijo: "¡Ya te lo he dicho! Y te lo repetiré, pero recuerda: si vuelves a preguntar... Me conoces perfectamente. Me llamo Shantidas".

El hombre dijo: "Sólo una vez más".

Y Shantidas tomó su bastón y dijo: "¡Una vez más y te mataré!".

El hombre le dijo: "No es necesario hacer ese gran trabajo. Sólo quería saber si habías cambiado".

Veinte años de cultivo de todas las virtudes, y sólo un pequeño rasguño y el viejo sale. Toda nuestra moralidad, todo nuestro cultivo es superficial. Mi interés no está en ningún cultivo superficial, sino en una revolución, radical, que sale de tu meditación.

Antes de entrar en meditación... Irás a un espacio lejano dentro de ti.

Vete riendo y alegre. Odio la seriedad... ¡Soy muy serio! Quiero que mis budas bailen, canten y disfruten. Quiero que mis budas no sean estatuas de mármol, sino que vivan, respiren y amen.

Paddy y Seamus están en la barra del bar Pickled President. Paddy le cuenta a Seamus su reciente viaje a América.

"¿Conoces", dice Paddy, "a ese tal Ronald Reagan, el presidente de América?".

"Sí", responde Seamus, rascándose la cabeza. "Es ese viejo chivo con el chimpancé de mascota, ¿verdad?".

"Correcto", dice Paddy. "Bueno, tiene una oficina en este lugar llamado la Casa Blanca".

"¿En serio?", dice Seamus. "¿Es como el pub de la Casa Blanca?".

"Probablemente", dice Paddy, "pero en su despacho, en su escritorio, tiene un botón. Sólo tiene que apretar el botón y... ¡boom!... ¡se acabó el mundo!".

"No me parece una buena idea en absoluto", dice Seamus, sorbiendo otra cerveza. "¡Mi abuelo está menos senil que ese Ronald Reagan, y ni siquiera le permitimos apretar los botones de la televisión!".

El Papa Polaco descubre que su imperio cristiano católico se está desmoronando. Ordena a todos los investigadores del Vaticano que intenten encontrar una solución a este desastre inminente.

Un día, el cardenal Catzass entra en la oficina papal.

"¡Lo tengo! Lo tengo!" grita Catzass. "En uno de los viejos manuscritos, dice que Dios ha dejado su mensaje final en un pequeño planeta en el borde del universo, llamado Hysteria".

Desesperado, Papa el Polaco vacía la caja fuerte del Banco Vaticano y da el dinero a los rusos para que le construyan un cohete que le lleve a Hysteria.

Tras semanas de entrenamiento, Pope el Polaco, el cardenal Catzass y un piloto chimpancé despegan de la Tierra y se lanzan a través del espacio hacia el lejano planeta.

Años luz después, aterrizan en un minúsculo puerto espacial en medio del desierto de Hysteria, y el Papa polaco hace lo suyo besando la tierra. En un poste indicador están escritas las palabras: "El último mensaje de Dios... cuarenta millas".

Vestido de gala, con su cayado de pastor, su sombrero en forma de cohete y su traje espacial, el Papa Polaco se pone en marcha, caminando por el desierto. El cardenal Catzass agita el incensario a su paso.

Diez horas y veinte millas más tarde, tanto el Papa polaco como el cardenal Catzass están de rodillas, jadeando en busca de agua.

A la mañana siguiente, la pareja de polacos se arrastra lentamente por la arena.

Esa noche, llegan a la cima de una pequeña elevación y contemplan las colinas a lo lejos. Allí, en luces de neón intermitentes, toda la ladera está iluminada con el mensaje final de Dios al universo.

Dice así: "Pedimos disculpas por las molestias".

Es medianoche en un callejón oscuro detrás del pub Hoochee Koochee, y el intrépido abogado, Harry Hypojerk deambula borracho.

De repente se le acerca un tipo de aspecto desaliñado llamado Fred el Monstruo, que lleva un gran abrigo negro, un gran sombrero y gafas de sol.

"Oye", dice Fred el Fenómeno, "¿eres abogado?".

"Sí", babea Harry, enderezándose la corbata, "lo estoy".

"Y", dice Fred el Friki, "¿llevas casos criminales?".

"Sí, lo sé", responde Harry, tambaleándose un poco.

"¿Ayudarías siquiera a un ladrón?", pregunta Fred el Fenómeno.

Harry parpadea, se ajusta el abrigo y dice: "Desde luego, señor".

"De acuerdo", dice Fred el Fenómeno, sacando su pistola. "¡Entonces puedes empezar por ayudarme con tu cartera!"

Nivedano...

Nivedano...

Guarda silencio.

Cierra los ojos, siente que tu cuerpo está completamente congelado.

Mira hacia dentro, tan profundamente como puedas alcanzar. Al final encontrarás tu fuente de vida.

Esta fuente de vida está conectada con la vida universal.

Experimentar esto es ser un buda, completamente vacío del mundo pero absolutamente lleno de dicha, de bendición, de gratitud... de una profunda plegaria a la existencia, de agradecimiento.

Mira lo más cerca que puedas la fuente de tu vida, el centro de tu conciencia, porque tienes que recordarlo más tarde mientras estás en la circunferencia de la vida...

haciendo todo tipo de cosas, pero sin perder ni por un momento el contacto con tu fuente de vida más íntima.

Haciendo de todo, pero como un buda.

La mera conciencia de que "yo soy el buda" va a cambiar todo tu patrón de vida.

Para que quede más claro, Nivedano...

Relájate.

Sólo observa el cuerpo, la mente.

Ellos no son tú, tú eres el observador. Y el observador es otro nombre para el Buda.

Esta es una noche dichosa: diez mil personas ahogadas en una conciencia oceánica de vigilancia.

Diez mil budas... nunca ha habido una asamblea así.

Ten mucho cuidado y precaución de no perder esta vigilancia cuando vuelvas del centro a la circunferencia.

Nivedano...

Vuelve, pero vuelve con toda la experiencia, lleno de alegría, paz y silencio.

Con gracia y gratitud, siéntate como un buda durante unos instantes.

Esta va a ser tu postura final; poco a poco, te asentarás en tu naturaleza de buda. Y si podemos crear diez mil budas, eso es suficiente para salvar a la humanidad: diez mil budas que lleguen a todos los rincones del mundo, simplemente difundiendo amor, compasión y conciencia.

Y no creo que si el mundo tiene tantos budas, pueda ser destruido por políticos criminales.

Este es un momento crucial, de gran responsabilidad y también de gran desafío.

No se trata sólo de que seas un buda, se trata de salvar todo este planeta en toda su belleza y grandeza.

En el pasado, la gente solía ser buda sólo por sí misma. Hoy en día, los tiempos son diferentes.

Tienes que ser un buda no sólo por tu propio bien, sino por el bien de salvar al mundo entero de las armas nucleares y de los poseedores de armas nucleares.

Tenemos que crear una gran conciencia en todo el mundo. Esa es nuestra única protección contra la ciencia destructiva y los políticos criminales.

Recuerda: tu responsabilidad es grande, pero tiene que ser una alegría, no un deber. Tiene que ser tu amor, tu compartir la felicidad, la vitalidad, tus canciones, tus bailes, tu alegría.

No os digo que seáis misioneros, quiero que seáis la misión. Los misioneros sólo han llevado conocimiento prestado. Quiero que seáis la misión en el sentido de que difundáis vuestra propia experiencia. Irradiaréis vuestra propia budeidad. Hay que crear un incendio de conciencia en todo el mundo.

Esta es la única esperanza para la humanidad, la única esperanza para el universo, tener este pequeño planeta tan vivo, tan bello, tan encantador. Esto es por primera vez, que se les requiere ser budas no sólo para ustedes, sino para crear una atmósfera en la que una tercera guerra mundial no pueda ocurrir.

¿De acuerdo, Maneesha?

Sí, amado Maestro.

¿Podemos celebrar los diez mil budas?

Sí, amado Maestro.

El Buda: El vacío del corazón

El vacío del corazón

NUESTRO AMADO MAESTRO, BUKKO DIJO:

TOMANDO LAS COSAS CON FACILIDAD Y SIN FORZARLAS, AL CABO DE ALGÚN TIEMPO EL AJETREO DEL PENSAMIENTO, EXTERIOR E INTERIOR, CEDE NATURALMENTE, Y SE MUESTRA EL VERDADERO ROSTRO.

... AHORA EL CUERPO Y LA MENTE, LIBRES DE TODA MOTIVACIÓN, APARECEN SIEMPRE COMO VACÍO Y ABSOLUTA IGUALDAD, BRILLANDO COMO EL RESPLANDOR DEL CIELO, EN EL CENTRO DE LA VASTA EXTENSIÓN DE LAS COSAS FENOMÉNICAS, Y SIN NECESIDAD DE PULIDO NI LIMPIEZA. ESTO ESTÁ MÁS ALLÁ DE TODOS LOS CONCEPTOS, MÁS ALLÁ DEL SER Y DEL NO SER.

ABANDONA TUS INNUMERABLES CONOCIMIENTOS, VISIONES Y COMPRENSIONES, Y DIRÍGETE A ESA GRANDEZA DEL ESPACIO. CUANDO LLEGUES A ESA INMENSIDAD, NO HABRÁ NI UNA PIZCA DE BUDISMO EN TU CORAZÓN, Y CUANDO NO HAYA NI UNA PIZCA DE CONOCIMIENTO EN TI, TENDRÁS LA VERDADERA VISIÓN DE LOS BUDAS Y LOS PATRIARCAS.

LA VERDADERA NATURALEZA ES COMO LA INMENSIDAD DEL ESPACIO QUE CONTIENE TODAS LAS COSAS. CUANDO PUEDES IR Y VENIR EN TODAS LAS

REGIONES POR IGUAL, CUANDO NO HAY NADA ESPECIALMENTE TUYO, NI DENTRO NI FUERA, CUANDO TE CONFORMAS CON LO ALTO Y TE CONFORMAS CON LO BAJO, TE CONFORMAS CON LO CUADRADO Y TE CONFORMAS CON LO REDONDO, ESO ES.

EL VACÍO DEL MAR PERMITE QUE LAS OLAS SE ELEVEN; EL VACÍO DEL VALLE DE LA MONTAÑA HACE QUE LA VOZ RESUENE; EL VACÍO DEL CORAZÓN HACE AL BUDA. CUANDO VACÍAS EL CORAZÓN, LAS COSAS APARECEN COMO EN UN ESPEJO, BRILLANDO ALLÍ SIN DIFERENCIAS ENTRE ELLAS. LA VIDA Y LA MUERTE SON UNA ILUSIÓN, TODOS LOS BUDAS SON EL PROPIO CUERPO.

EL ZEN NO ES ALGO MISTERIOSO; ES SIMPLEMENTE GOLPEAR Y ATRAVESAR. SI CORTAS TODAS LAS DUDAS, EL CURSO DE LA VIDA Y LA MUERTE SE CORTA NATURALMENTE. OS PREGUNTO A TODOS ¿LO VEIS O NO LO VEIS?—COMO EN JUNIO LA NIEVE SE DERRITE DE LA CIMA DEL MONTE FUJI.

Maneesha, Bukko ha llegado a la máxima expresión de la experiencia del propio ser. Muy pocas veces un maestro ha llegado a tal punto como Bukko en sus declaraciones.

Escucha con atención, porque rara vez volverás a encontrarte con un Bukko.

BUKKO DIJO:

TOMANDO LAS COSAS CON FACILIDAD Y SIN FORZARLAS, AL CABO DE ALGÚN TIEMPO EL AJETREO DEL PENSAMIENTO, EXTERIOR E INTERIOR, CEDE NATURALMENTE, Y SE MUESTRA EL VERDADERO ROSTRO.

Eso es lo que te he estado diciendo. Ser un buda no es un trabajo difícil. No es un logro para el que se necesite un Premio Nobel. Es la cosa más fácil del mundo, porque ya ha sucedido sin que te des cuenta.

El Buda ya está respirando en ti. Solo un poco de reconocimiento, solo un poco de volverse hacia dentro... y eso no tiene que hacerse a la fuerza. Si lo haces a la fuerza perderás el punto. Es muy delicado. Hay que mirar hacia dentro de forma juguetona, no en serio. Eso es lo que quiere decir con "tomarse las cosas a la ligera". No te tomes nada en serio.

La existencia es muy fácil. Has conseguido tu vida sin ningún esfuerzo, estás viviendo tu vida sin ningún esfuerzo. Respiras perfectamente bien sin que nadie te lo recuerde; los latidos de tu corazón continúan incluso mientras duermes - ¡tan fácil es la existencia para ti! Pero tú no eres tan fácil con la existencia. Eres muy cerrado. Quieres que todo se convierta en un logro.

La iluminación no puede ser un logro. Lo que ya tienes, ¿cómo puede ser un logro? El maestro autentico simplemente te quita las cosas que no tienes y crees tener, y te da lo que ya tienes. Tienes muchas cosas que no tienes en absoluto, solo crees que las tienes. La funcion del maestro es la de un cirujano, cortar todo lo que no eres tu y dejar solo el nucleo esencial—el ser eterno.

Es un fenómeno muy fácil; puedes hacerlo por ti mismo. No hay problemas ni riesgos en tomarse las cosas con facilidad, pero la gente se toma las cosas con mucha tensión. Se toman las cosas muy en serio, y eso estropea todo el juego.

Y recuerda, la vida es un juego. Una vez que la entiendes como un juego, surge por sí sola una profunda alegría. La victoria no es la cuestión; la cuestión es jugar totalmente, alegremente, danzando.

Lo que se llama ludismo es muy esencial en la indagación de tu propio ser.

TOMANDO LAS COSAS CON CALMA, DICE BUKKO, Y SIN FORZAR, AL CABO DE ALGÚN TIEMPO EL AJETREO DEL PENSAMIENTO, HACIA FUERA Y HACIA DENTRO,

CEDE DE FORMA NATURAL, Y SE MUESTRA EL VERDADERO ROSTRO.

Cuando te digo que la meditación no es otra cosa que la ausencia de pensamiento, puedes malinterpretarme. No debes hacer nada para volverte irreflexivo, porque cualquier cosa que hagas será de nuevo un pensamiento. Tienes que aprender a ver la procesión de pensamientos, quedándote a un lado de la carretera como si no te importara lo que pasa. Sólo el tráfico ordinario - si puedes tomar tus pensamientos de tal manera que no te importen mucho, entonces fácil, lentamente, la caravana de pensamientos que ha continuado durante miles de años desaparece.

Tienes que entender una cosa muy sencilla, que prestar atención es dar alimento. Si no prestas atención pero permaneces despreocupado, los pensamientos empiezan a morir por sí solos.

No tienen otra forma de obtener energía, otra fuente de vida. Tú eres su energía, y como sigues prestándoles atención, en serio, crees que es muy difícil liberarse del pensamiento. Es la cosa más fácil del mundo, pero hay que hacerlo de la manera correcta.

Lo correcto es quedarse a un lado. El tráfico continúa... déjalo pasar. No juzgues lo bueno y lo malo; no aprecies, no condenes. Eso es lo que significa ser fácil. Todo está bien.

SIN FORZAR... y eso es algo que hay que recordar, porque nuestra tendencia natural es que si tenemos que volvernos irreflexivos, ¿por qué no forzar los pensamientos?

¿Por qué no tirarlas? Pero por el mero hecho de forzarlos, les estás dando energía, les estás dando alimento, estás tomando nota de ellos y los estás haciendo importantes—tan importantes que sin tirarlos, no puedes meditar.

Intenta deshacerte de cualquier pensamiento y verás lo difícil que es. Cuanto más lo lances, más rebotará. Disfrutará mucho del juego, y usted será finalmente derrotado. Has tomado un camino equivocado.

Siempre he contado una antigua historia tibetana....

Un joven estaba muy interesado en lo esotérico, en lo misterioso. Encontró a un santo que era conocido por tener muchos secretos, pero era muy difícil conseguir algún secreto de él. El joven dijo: "Voy a ver. Dedicaré toda mi vida a su servicio, y obtendré los secretos, los misterios".

Así que se quedó con el viejo santo. El viejo santo le dijo: "Estás perdiendo el tiempo innecesariamente. No tengo nada, sólo soy una pobre alma vieja. Como no hablo, la gente cree que guardo algún secreto. Pero no tengo nada que decir, así que permanezco en silencio".

Pero el hombre dijo: "No puedo ser persuadido tan fácilmente. Tendrás que darme el secreto que abre la puerta de todos los misterios".

Cansado del joven, porque veinticuatro horas al día estaba allí... el pobre viejo santo tenía que ocuparse de su comida, tenía que pedir a alguien que se ocupara de su ropa; se acercaba el invierno y necesitaría más ropa. Se había convertido en una carga. Finalmente, el anciano se hartó. Le dijo al joven: "Hoy voy a contarte el secreto. No es muy difícil. Es muy sencillo".

En el Tíbet hay un mantra común que repiten los religiosos: Om mani padme hum.

Dijo: "Todo está oculto en esto".

Pero el joven dijo: "¡No me engañes! Todo el mundo conoce este mantra, no es un secreto. Es el mantra más conocido por los tibetanos".

Dijo: "Es cierto, es ampliamente conocido. Pero no conocen la llave para abrirlo.

¿Conoces la llave para abrirlo?".

El joven dijo: "¿Llave? Nunca he oído que exista una llave para abrir un mantra".

"¡Ese es el secreto! La clave es que, mientras repites el mantra -sólo durante cinco minutos-, no dejes que ningún mono se te meta en la cabeza".

Me dijo: "¡Pareces un viejo idiota! En toda mi vida nunca he pensado en un mono. ¿Por qué debería pensar en uno?"

Bajó corriendo las escaleras del templo donde vivía el viejo santo. Pero extrañamente, aunque no estaba recitando el mantra, empezaron a venir monos, riéndose. Cerraba los ojos y allí estaban. Corría hacia un lado y allí estaban.

No estaban fuera, estaban dentro de su cabeza. Y poco a poco la multitud se iba haciendo más grande. Hasta donde él podía ver, sólo monos y monos, ¡y haciendo todo tipo de circo!

Dijo: "Dios mío, ¿esta es la clave? ¡Estoy acabado! Ni siquiera he empezado el mantra".

Finalmente dijo: "Déjame darme un buen baño y librarme de todos estos monos". Pero cuanto más los apartaba, más saltaban hacia él. Se bañó, quemó incienso, se sentó en una postura religiosa de loto, pero hiciera lo que hiciera, los monos le observaban desde todas partes. Dijo: "Es extraño... los monos nunca han visitado esta casa...". Lo intentó toda la noche, pero no pudo repetir este sencillo mantra Om mani padme hum sin que los monos saltaran.

Por la mañana estaba muy cansado. Dijo: "A este viejo santo, ¡lo mataré! ¿Qué clase de llave...?" Por la mañana corrió hacia el viejo santo y le dijo: "Por favor, llévate tu llave. Estoy casi loco!"

El anciano dijo: "Por eso no se lo decía a nadie, porque la llave es muy difícil. ¿Ahora entiendes por qué estaba callado?".

Me dijo: "No quiero escuchar ni una sola palabra tuya. Devuélveme esta llave y déjame ir a casa. Y no quiero que estos monos me sigan".

El santo dijo: "Si devuelves la llave, no vuelvas a repetir el mantra. ¡Los monos vendrán! No puedo evitarlo, no están en mi poder".

El hombre soltó el mantra, soltó la llave. Bajó los mismos escalones y no había ningún mono. Cerró los ojos y no había ningún mono. Miró a su alrededor y no había ningún mono. Dijo: "Es extraño...". Probó sólo una vez en el camino, para ver qué pasaba cuando decía Om mani padme hum y cerraba los ojos. Y venían todos, ¡de todas direcciones!

No puedes reprimir ningún pensamiento. El propio proceso represivo le da energía, vida, fuerza. Y te debilita porque te conviertes en un socio derrotado en el juego. Lo más fácil es no forzar, sino ser sólo un testigo. Si viene un mono, déjale que venga.

Dile "¡Hola!" y se irá. Pero no le digas que se vaya. Sólo sé testigo de que ha venido un mono, o mil monos. ¿Qué más da? No es asunto tuyo. Puede que vayan a alguna reunión, a algún festival religioso, así que déjalos ir. No es asunto tuyo. Y pronto la multitud desaparecerá, viendo que "el hombre no está interesado".

Todos tus pensamientos están en la misma categoría. Nunca fuerces a ningún pensamiento a desaparecer; de lo contrario, rebotará con mayor energía. ¡Y la energía es tuya! Estás en un camino de auto-derrota. Cuanto más lo deseches, más volverá.

Por lo tanto, lo que Bukko dice es la única manera -digo la única manera- de ser irreflexivo:

no prestes atención. Sólo permanece en silencio observando todo tipo de cosas... monos y elefantes, déjalos pasar. Pronto encontrarás un camino vacío, y cuando encuentres un camino vacío, habrás encontrado una mente vacía... naturalmente. Todo lo exterior e interior se desvanece y se produce el tremendo silencio que trae la facilidad.

AHORA CUERPO Y MENTE, LIBRES DE TODA MOTIVACIÓN, APARECEN SIEMPRE COMO VACÍO Y ABSOLUTA IGUALDAD.

Cuando estás en el estado de no-mente, que equivale a la ausencia de pensamiento... cuando no hay ninguna nube de pensamiento moviéndose en tu mente, alcanzas la claridad de no-mente.

La mente es simplemente una combinación de todos los pensamientos, de todas las nubes. La mente no tiene naturaleza independiente propia. Cuando todos los pensamientos desaparezcan y el cielo esté limpio y despejado, verás que todo aquello a lo que has prestado tanta atención no es más que vacío. Todos tus pensamientos estaban vacíos. No contenían nada, eran vacíos.

Lo que creías que contenían era tu propia energía. Has retirado tu energía - sólo la cáscara vacía del pensamiento cae. Has retirado tu identidad e inmediatamente el pensamiento ya no está vivo. Era tu identidad la que le daba fuerza vital.

Y extrañamente, ¡pensabas que tus pensamientos eran muy fuertes y era difícil deshacerse de ellos! Los hacías fuertes, los cultivabas.

Sólo con forzarlos, te metías en un aprieto.

Estoy de acuerdo con Bukko. Por experiencia propia, estoy de acuerdo en que puedes simplemente sentarte o tumbarte y dejar que los pensamientos pasen de largo. No dejarán ni rastro. Simplemente no te intereses... y tampoco te DESintereses, simplemente sé neutral. Ser neutral es ser fácil, y ser neutral es recuperar la propia fuerza vital que has dado a tus pensamientos.

De repente, un hombre sin pensamientos se vuelve tan lleno de energía—energía que había esparcido en los pensamientos innecesariamente. Era débil porque estaba alimentando pensamientos, que no llevan a ninguna parte. Prometen—los pensamientos son políticos. Prometen grandes cosas por venir, pero en el momento en que tienen poder, olvidan todas sus promesas. Esto ha sucedido durante siglos.

Esas promesas son simplemente seductoras. Tus pensamientos te prometen muchas cosas: "Puedes ser esto, puedes ser aquello". Y te impulsan, te dan motivación para convertirte en el mayor líder del mundo, para convertirte en el hombre más rico del mundo. Te impulsan a ambicionar, se convierten en tus amos. Es uno de los fenómenos más extraños que los sirvientes se conviertan en amos, y el amo se convierta en un simple sirviente. En el momento en que recuperas tu energía te conviertes en una fuerza tremenda, reunida en tu propio ser y centro.

Esto es lo primero y lo más importante que hay que entender: nunca fuerces nada, déjate llevar fácilmente. Si alguna vez quieres descubrir cuál es el secreto de tu vida, entonces tienes que ir hacia dentro. Y los pensamientos siempre van hacia fuera; cada pensamiento te lleva hacia fuera.

Cuando cesan todos los pensamientos, no hay adónde ir: simplemente estás en casa.

Este "estar en casa" es la meditación.

Reina un silencio y una paz absolutos.

En este silencio toda ambición parece estúpida; todo el mundo de los objetos parece no ser más que un sueño. Y tu propio ser brilla en su BRILLO DE CIELO, EN EL CENTRO DE LA VASTA EXPANSIÓN DE COSAS FENOMENALES, Y SIN NECESIDAD DE PULIR NI LIMPIAR.

Tu propio ser es tan puro, tan impoluto, que ni siquiera una partícula de polvo ha llegado nunca allí—no puede llegar. Sólo tu consciencia puede llegar allí, y la consciencia surge en ti sin mente. Con la no-mente te vuelves tan despierto, tan vigilante, sin ningún lugar al que salir, porque todos los pensamientos han desaparecido. Así que te vuelves hacia dentro y por primera vez te enfrentas a tu propio ser original.

ESTO VA MÁS ALLÁ DE TODOS LOS CONCEPTOS...

Lo que vas a afrontar en tu meditación está más allá de todos los conceptos.

Esta es una afirmación muy embarazada.

... MÁS ALLÁ DEL SER Y DEL NO SER. Utilizamos la palabra "ser" porque no serás capaz de comprender, mientras tus pensamientos estén ahí, que algo más allá del ser y más allá del no-ser existe dentro de ti. Pero cuando los pensamientos desaparecen, el primer encuentro es con un ser, un ser individual, brillante y limpio. Y al entrar en este ser, te encuentras yendo más allá de tu individualidad hacia lo universal, que está más allá del ser y del no-ser.

Esto es la iluminación definitiva. Y Bukko lo ha expresado de la forma más sencilla posible.

DEJA TUS INNUMERABLES CONOCIMIENTOS, VISIONES Y COMPRENSIONES, Y VE A ESA GRANDEZA DEL ESPACIO. CUANDO LLEGUES A ESA INMENSIDAD,

NO HABRÁ NI UNA PIZCA DE BUDISMO EN TU CORAZÓN.

Es realmente un gran maestro. Su amor hacia Buda es grande, pero eso no significa que sea un seguidor de Buda. El esta diciendo que cuando entres en este gran espacio, no encontraras nada—NINGUNA PIZCA DE BUDISMO ni siquiera en tu corazon. Y CUANDO NO HAYA NI UNA PIZCA DE CONOCIMIENTO SOBRE TI—no sabrás nada, ni siquiera sobre ti mismo—TENDRÁS LA VERDADERA VISTA DE LOS BUDDHAS y de los grandes maestros.

El propio Buda tuvo una gran dificultad. Quizá ningún hombre haya tenido tantas dificultades para explicar su experiencia. En este país, el yo, atma, ha sido considerado como la experiencia última. Las otras dos religiones de este país, el hinduismo y el jainismo, han enfatizado que conocer tu yo es todo, no hay nada más allá. Ahora bien, Buda iba en contra de todas las tradiciones de la India al decir que el yo es sólo una puerta hacia el no-yo.

No te detengas en la puerta, es un puente que hay que pasar. No hagas tu casa en el puente porque un universo más vasto está listo para darte la bienvenida si puedes dejar esta pequeña idea de tu yo.

¿Qué es este yo que llevas, que todas las tradiciones de este país y de otros países tienen tan en cuenta? Cientos de filósofos se acercaron a Gautam Buda diciendo: "Lo que dices va contra los VEDAS, contra los UPANISHADS".

Dijo: "¿Qué puedo hacer? Es mi propia experiencia, no puedo negarla. Hay que trascender el yo; sólo entonces te conviertes en uno con el universo. La gota de rocío tiene que desaparecer en el océano".

¿Por qué aferrarse a la gota de rocío?

¿Qué ganas con ello?

¿Has observado alguna vez?—Todas las religiones enseñan que debes liberarte de la miseria, del pecado. Debes ganar virtud para que puedas hacerte un lugar en el paraíso. "Tú" eres el centro de todas las religiones—pero no del Zen.

Todas las religiones dicen: "Libérate de tus ataduras". Sólo el Zen tiene el extraño valor de decir: "¡Libérate de ti mismo!". Liberarse de los apegos es un juego de niños. El verdadero y auténtico buscador se libera finalmente no sólo de otras cosas, sino incluso de sí mismo. Abandona la idea misma de que "yo soy".

La existencia es.

Visto desde este punto de vista, se puede decir que tú eres el centro de toda miseria. Y por más que lo intentes, descubrirás que sólo estás cambiando de miseria, de una miseria a otra miseria. Tal vez en la brecha te sientas un poco ligero. De un matrimonio a otro matrimonio—sólo mientras tanto, mientras tienes que esperar, te sientes bien. Pero esta bondad no va a durar, ya estás rellenando el formulario para otro matrimonio.

Tú eres el problema.

Todos los demás problemas son sólo tus hijos: un autobús lleno de niños, y tú eres el conductor.

El budismo, en particular, introdujo la idea de que no se trata de abandonar la codicia, la ira, la pasión o la posesión. La cuestión es dejarse caer por completo, desaparecer en la energía universal de la que hemos surgido.

En la India, no se comprendía a Buda. A mí me ocurre lo mismo. En la India no me comprenden porque, durante diez mil años o más, han creído en el yo como valor supremo.

El yo no es el valor supremo. ¿Qué vas a hacer con el yo cuando lo encuentres?

Sentado estúpidamente, mirando raro a todo el mundo. Piensa por un momento: te has encontrado a ti mismo, ¿ahora qué vas a hacer? Y recuerda, una vez que lo has encontrado, no puedes escapar de él. Se pega como el pegamento alemán. No es pegamento indio....

Buda dio un paso tremendo en el mundo de la conciencia cuando dijo: "El yo es sólo un peldaño. Da un paso más allá de él. Y más allá de él, sólo estás vacío".

Pero este "vacío" no es la nada. La palabra que utilizó Buda se ha traducido como "vacío" o como "nada", pero en español ambas palabras tienen una connotación negativa. La palabra de Buda era shunyata. No es un fenómeno negativo.

Bukko le da quizás la mejor expresión que he encontrado:

CUANDO PUEDAS IR Y VENIR EN TODAS LAS REGIONES POR IGUAL, CUANDO NO HAYA NADA ESPECIALMENTE TUYO, NI DENTRO, NI FUERA, CUANDO TE CONFORMES CON LO ALTO Y TE CONFORMES CON LO BAJO, TE CONFORMES CON LO CUADRADO Y TE CONFORMES CON LO REDONDO, ESO ES.

Cuando estás simplemente disponible, sin yo, ya no tienes límites. Sin límites puedes conformarte con cualquier cosa.

EL VACÍO DEL MAR PERMITE QUE LAS OLAS SE ELEVEN...

Y tu vacío también permitirá oleadas de dicha, paz, esplendor y gloria desconocida. Estás en la cima más alta disponible para cualquier conciencia. Pero todo esto siguen siendo olas según Bukko. Por eso digo que ha hecho una gran afirmación.

EL VACÍO DEL MAR PERMITE QUE LAS OLAS SE ELEVEN; EL VACÍO DEL VALLE DE LA MONTAÑA HACE QUE LA VOZ RESUENE...

Está vacía; de lo contrario, ¿cómo podría hacerse eco de la voz?

Muy cerca, en Matheran, hay un punto de eco. Un punto de eco muy claro—he visto otros puntos de eco en otras montañas también. Cualquier cosa que digas simplemente se repite, todo el valle. Si ladras como un perro, todo el valle ladra como un perro. Si cantas una canción, todo el valle la canta. Su vacío le permite amoldarse a cualquier cosa.

Y Bukko dice que cuando estás completamente vacío de ser y no-ser, de mente y no-mente... Cuando te fundes en lo universal, por un lado se puede decir que estás vacío, pero por otro lado estás tan lleno que ahora puedes conformarte con cualquier cosa. Puedes ser la luna, puedes ser la rosa, puedes ser las nubes. O puedes seguir siendo el cielo vacío.

Por primera vez eres libre de ser lo que quieras. Por primera vez tu vacío te permite experimentar la existencia desde distintos ángulos.

Es un fenómeno inmenso. Sólo conocemos pequeñas partes de él porque nuestro yo crea un límite. No podemos ir más allá.

LA VACUIDAD DEL CORAZÓN HACE AL BUDA.

Una vez que tu corazón está vacío, eres el buda: sereno, silencioso, completamente dichoso, en casa.

Cuando te digo que eres un buda, lo digo en serio. Sólo tienes que recuperarte de tus sueños, aflicciones, adicciones. Sólo tienes que penetrar profundamente hasta el punto en que incluso el yo empiece a desaparecer y se abra la puerta a lo vasto, a lo infinito. Ser un buda es la experiencia última de la alegría, de la eternidad, de la inmortalidad, de la libertad y de la liberación.

Y nadie más puede hacerlo por ti. Es muy sencillo: tienes que hacerlo tú mismo.

CUANDO VACÍAS EL CORAZÓN, LAS COSAS APARECEN COMO EN UN ESPEJO, BRILLANDO ALLÍ SIN DIFERENCIAS ENTRE ELLAS. LA VIDA Y LA MUERTE SON UNA ILUSIÓN, TODOS LOS BUDAS SON EL PROPIO CUERPO.

EL ZEN NO ES ALGO MISTERIOSO; ES SIMPLEMENTE GOLPEAR Y ATRAVESAR.

Me recuerda... Un gran industrial había importado una máquina totalmente nueva y sofisticada.

Funcionaba de maravilla, cien veces más productiva que la anterior, pero un día se paró. Nadie sabía qué hacer.

Se informó a los fabricantes y dijeron: "Podemos enviar a nuestro hombre. Pero sus honorarios son diez mil dólares más todos los gastos de viaje".

El industrial perdía miles de dólares cada día. Aceptó y dijo: "Envíenlo inmediatamente, ahora mismo". El hombre llegó del aeropuerto y, sin perder un instante, sacó de su bolso un pequeño martillo y golpeó la máquina en un punto determinado y ésta empezó a funcionar.

El dueño de la fábrica dijo: "¡Pero esto es demasiado! ¿Diez mil dólares sólo por golpearlo con este pequeño martillo?".

El experto dijo: "No, para golpear con el martillo basta con un dólar. Lo importante es saber dónde golpear".

Es cierto, el ZEN NO ES ALGO MISTERIOSO.

SÓLO GOLPEA Y ATRAVIESA.

Pero no creas en Bukko. La cuestión es dónde golpear. No es misterioso, pero el problema es dónde golpear. Una vez que golpeas en el momento adecuado, en el lugar adecuado, es realmente muy sencillo; no tiene nada de misterioso.

Eso es lo que he estado intentando continuamente que experimentes, porque no hay forma de decirte dónde tienes que golpear. Cada uno tiene que encontrar el lugar profundizando en sí mismo, viendo de dónde viene la luz, de dónde viene la vida, y luego moverse en esa dirección sin ningún miedo. Esto es lo que quiere decir con "golpear y atravesar".

Entonces no te detengas. Será muy hermoso. Incluso al principio, en el momento en que veas tu luz, tu fuente de vida, tendrá una belleza tremenda y habrá un deseo de parar, de que has llegado. No lo hagas. Hay mucho más por delante. Hasta que hayas terminado completamente... cuando mires a tu alrededor y no te encuentres a ti mismo... esa es la meta.

Este más allá es el buda.

SI CORTAS TODAS LAS DUDAS, EL CURSO DE LA VIDA Y LA MUERTE SE CORTA NATURALMENTE.

OS PREGUNTO A TODOS ¿LO VEIS O NO LO VEIS?—COMO EN JUNIO SE DERRITE LA NIEVE DE LA CIMA DEL MONTE FUJI.

Está diciendo que igual que en junio empieza a derretirse la nieve del monte Fuji... así de sencillo, sin hacer aspavientos. Cuando llega junio, la nieve no dice: "Espera un poco, estoy ocupado en otra cosa y tengo que esperar un poco". No... no se resiste, no se retrasa, no se pospone. Al llegar junio, la nieve empieza a derretirse.

Así que cuando llegues al punto en el que sientas "este es mi centro", entonces empieza a fundirte.

Tu junio ha llegado. Entonces empieza a fundirte y a desaparecer. Tu misma desaparición te está convirtiendo en el universo entero.

Buda ha dicho: "Cuando desaparecí, vi las estrellas dentro de mí, la salida del sol, la puesta del sol, las noches de luna llena... todo dentro de mí, no fuera de mí. Era mi frontera la que los mantenía fuera. Ahora el límite ya no existe; todo ha caído dentro. Ahora yo soy el todo".

En el momento de su muerte, el monje zen Guin escribió:

TODAS LAS DOCTRINAS SE SEPARAN

ENSEÑANZA ZEN DESECHADA—

OCHENTA AÑOS Y UNO.

EL CIELO AHORA SE RESQUEBRAJA Y CAE

LA TIERRA SE ABRE...

EN EL CORAZÓN DEL FUEGO

YACE UN MANANTIAL OCULTO.

Cuando todo está cayendo y desapareciendo, en el corazón de toda esta desaparición se esconde tu primavera. A partir de este momento empezarán a crecer nuevas flores que nunca antes habías visto.

Pregunta 1:

Maneesha ha preguntado:

NUESTRO AMADO MAESTRO,

EN OCCIDENTE SE DICE QUE EL AMOR -DOS CORAZONES LLENOS- HACE GIRAR AL MUNDO. A JUZGAR POR EL ÍNDICE DE VÍCTIMAS, LOS CORAZONES LLENOS NO PARECEN SER LA RESPUESTA.

¿QUÉ ES EL MUNDO DEL CORAZÓN VACÍO DEL ZEN?

En primer lugar, todo lo que se dice en Occidente de que "el amor -dos corazones llenos- hace girar el mundo" es una tontería. Estés aquí o no, el mundo seguirá girando.

Y dos corazones llenos de amor... ¿dónde vas a encontrarlos?

El mundo se habría parado hace tiempo si dependiera de dos corazones llenos de amor.

Incluso encontrar un corazón es muy difícil; ¡dos es demasiado! Pero eso no son más que proverbios orientados a las masas, no declaraciones de un hombre como Bukko.

Cuando Bukko dice que el corazón vacío es el buda, está hablando de una experiencia muy auténtica. Y no depende de nadie más.

El amor es ambas cosas, una alegría y una miseria, porque hay dos implicados. Dondequiera que haya dualidad, habrá conflicto. Puedes aparcar el conflicto durante unos días en la luna de miel, pero después de la luna de miel el conflicto surge en todos los puntos. ¿Qué tipo de cortinas?—e inmediatamente hay dos voces. ¿Qué tipo de alfombras, qué tipo de literatura, qué tipo de muebles? En cada punto encontrarás que esos grandes amantes están en absoluto desacuerdo. Ahí está el principio del verdadero amor, que siempre acaba en divorcio.

El mundo de la religión no es el mundo de la dualidad. Es un mundo de unidad. Tienes que encontrar tu propio corazón, completamente vacío, vacío de toda basura. Y cuando tu corazón está vacío de toda basura, eres el buda. No hay otra experiencia que vaya más allá.

Ahora, antes de convertiros en budas, unas risas, porque unos pocos pueden volver, otros pocos pueden no volver. Los que vuelvan lo celebrarán, pero para los que no vuelvan de este gran viaje interior, algunas risas como despedida....

Kowalski y Olga hacen el amor en el dormitorio de arriba. Justo cuando Kowalski está a punto de poner en marcha su maquinaria, oyen un fuerte golpe en el piso de abajo.

"¿Qué es eso?", pregunta Olga, saltando en la cama.

"Nada", baja los pantalones Kowalski. "¡Vamos, sigamos!"

"¡No! ¡De ninguna manera!" exige Olga. "Nada de hacer el amor hasta que averigües qué pasa abajo".

El pobre Kowalski baja las escaleras con una gran erección y enciende las luces.

De repente, el gato salta por la ventana. El perro se mete debajo del sofá. Y el loro, atrapado en su jaula, mira frenéticamente a su alrededor, luego mete una pata bajo el ala y grita: "¡Espera! Espera, polaco tonto... no te follarías a un lisiado, ¿verdad?".

Terrence y la Sra. Tuber, los patatas del sofá de la tele, están apoyados en su sofá de patatas, masticando cacahuetes y viendo su telenovela favorita "La familia de la patata" en la televisión.

Cuando suena el timbre de la puerta, el perro Chip empieza a ladrar, Terrence mira a su alrededor y accidentalmente se mete un cacahuete en la oreja. Sigue sentado en su sofá de patatas con la cabeza inclinada hacia un lado, intentando sacarse el cacahuete, cuando entran su hija y su novio Frito.

Frito ve inmediatamente la situación y se ofrece a ayudar a Terrence a sacar el cacahuete.

"Mira", dice Frito, "te taparé la boca, te meteré los dos dedos en las fosas nasales y luego te soplaré en la otra oreja".

Desesperado, Terrence acepta intentarlo. Frito le mete los dedos en la nariz y le sopla en la oreja. Efectivamente, el cacahuete sale por el otro lado.

Más tarde, esa misma noche, Terrence y la Sra. Tuber están apoyados en la cama viendo en la televisión una reposición de "La familia de la patata", cuando la Sra. Tuber le pregunta a su marido: "Ese Frito es un chico tan majo, ¿qué crees que hará cuando salga del colegio?".

"No sé cuáles son sus planes", responde Terrence. "Pero por el olor de sus dedos, creo que probablemente será nuestro yerno".

"Oye tío", le dice Swami Haridas a su amigo Niskriya Cabeza de Piedra, "¿cómo es que llegaste tan pronto a casa después de tu cita de anoche con Papaya Piña?".

"Bueno", explica Stonehead, "después de cenar volvimos a su apartamento. Nos sentamos en su cama a escuchar música, hablamos un rato y bebimos un té de hierbas. Luego se desnudó lentamente, retiró las sábanas, se tumbó, se acercó a mí y apagó la luz".

"¿Y?" pregunta Haridas. "¿Qué ha pasado?"

"Bueno, sé captar una indirecta", responde Stonehead. "¡Así que me fui a casa!"

Nivedano...

(Galimatías)

Nivedano...

Guarda silencio. Cierra los ojos. Siente que tu cuerpo se congela; recoge toda tu energía vital hacia dentro y mira hacia adentro.

Cada vez más profundo.

Encuentra el centro de tu ser.

Encontrar el centro de tu ser es la puerta que te lleva más allá de ti mismo, que te convierte en un buda.

Familiarízate bien con este nuevo espacio en el que te encuentras, porque tienes que llevar al buda las veinticuatro horas: en tus gestos, en tus acciones, en tus palabras, en tu silencio, despierto o dormido.

Si uno puede permanecer con este silencio, entonces no hay necesidad de seguir ninguna disciplina, ninguna virtud. Todo sucederá por sí mismo, espontáneamente.

Y cuando las cosas suceden espontáneamente tienen una belleza propia.

Es un momento de felicidad.

Usted se disuelve

en una conciencia oceánica,

estás en casa,

dándote cuenta de lo que has llevado desde el principio, durante miles de vidas, pero

nunca lo he investigado...

nunca lo han buscado, lo han dado por sentado.

Es el tesoro más preciado que hay en ti.

Es el universo entero cayendo en ti.

Nivedano, para que quede claro...

Relájate y observa el cuerpo, la mente.

Tú sigues siendo un observador.

Sólo un observador.

Tu cuerpo nace y muere.

Tu mente cambia a cada momento.

Sólo este vigilante es tu eternidad.

Recuérdalo.

Recuérdatelo a ti mismo.

Y poco a poco conviértelo en tu experiencia de vida ordinaria y sencilla, como respirar. No tienes que hacer ningún esfuerzo.

Cuando tu buda es así de espontáneo, has encontrado la verdad.

Nivedano...

Vuelve y trae contigo toda la fragancia que has recogido.

Siéntate, despacio, con la gracia de un buda, durante unos segundos.

Este va a ser tu estilo de vida.

No quiero seguidores.

Quiero que todo el mundo sea un buda, un maestro en sí mismo.

¿De acuerdo, Maneesha?

Sí, amado Maestro.

¿Podemos celebrar a los budas?

¡Sí!

El Buda: El vacío del corazón

Entra en la puerta de anatta

NUESTRO AMADO MAESTRO,

UN MONJE PREGUNTÓ A RINZAI: "¿CUÁL ES LA ACTITUD DEL CORAZÓN QUE NO CAMBIA DE UN MOMENTO A OTRO?".

EL MAESTRO DIJO: "DESDE EL MOMENTO EN QUE TE PLANTEAS ESTA PREGUNTA, YA EXISTE LA DIFERENCIA, Y TU NATURALEZA ESENCIAL Y TU ACCIÓN SE SEPARAN.... NO TE ENGAÑES.

DENTRO Y FUERA DEL MUNDO NO HAY NADA QUE TENGA UNA NATURALEZA PROPIA, NI UNA NATURALEZA QUE PRODUZCA UN YO. TODO NO ES MÁS QUE NOMBRES VACÍOS, Y LAS MISMAS LETRAS DE ESTOS NOMBRES TAMBIÉN ESTÁN VACÍAS.

"SI TOMAS ESTOS NOMBRES VACÍOS POR REALES, COMETES UN GRAN ERROR. PUES AUNQUE EXISTEN, PERTENECEN AL REINO DEL CAMBIO DEPENDIENTE, SON COMO TÚNICAS QUE SE PONEN Y SE QUITAN.

"EXISTE LA TÚNICA DEL BODHI, DEL NIRVANA, DE LA LIBERACIÓN, DEL TRIKAYA, DE LA SABIDURÍA OBJETIVA, DE LOS BODHISATTVAS Y DE BUDA.

"¿QUÉ BUSCAS EN EL ÁMBITO DEL CAMBIO DE DEPENDENCIA?

LOS TRES VEHÍCULOS Y LAS DOCE DIVISIONES DE LAS ENSEÑANZAS, TODO ES PAPEL VIEJO PARA FREGAR DESAGUISADOS. EL BUDA ES UN FANTASMA ILUSORIO.

LOS PATRIARCAS SON VIEJOS MONJES. VOSOTROS MISMOS, ¿NO HABÉIS NACIDO DE UNA MADRE?

"SI BUSCAS AL BUDA, TE ATRAPARÁ EL DEMONIO BUDA; SI BUSCAS A LOS PATRIARCAS, TE ATARÁ EL DEMONIO PATRIARCA. BUSQUES LO QUE BUSQUES, TODO SE CONVIERTE EN SUFRIMIENTO. ES MEJOR NO TENER NADA MÁS QUE BUSCAR".

Maneesha, las nubes y la lluvia y los bambúes silenciosos, y diez mil personas sentadas en silencio, es un fenómeno raro. Este tipo de asamblea ha desaparecido del mundo. Solía ser, cuando Buda caminaba, o cuando Rinzai estaba vivo.... Tú eres representante de un pasado olvidado, que no es el pasado de la multitud, sino sólo el pasado de los despiertos.

La declaración de Rinzai es tremendamente significativa, pero antes de decir algo al respecto, como prefacio....

La personalidad del hombre se ha dividido en círculos concéntricos. El primer círculo es el cuerpo.

Dentro de él, otro círculo es la mente. Dentro de él, otro tercer círculo es el corazón. Y dentro del tercer círculo, el centro es el yo. Buda va más allá.

Los ateos pertenecen y creen sólo en el primer círculo. Niegan todos los demás círculos como imaginación. La mente también es una función del cuerpo. Los teístas creen en los cuatro círculos: el cuerpo, la mente, el corazón y el yo. Insisten en que los tres primeros círculos son insignificantes o ilusorios, no son tu verdadera realidad. Tu verdadera realidad es el cuarto centro.

Buda abre nuevos caminos. Va más allá del cuarto; va más allá del yo. No-yo, anatta, es tu verdadera existencia. Cuando no eres, eres. Por supuesto, no en la misma forma en que te has conocido a ti mismo. Estás esparcido por todo el cosmos.

Esto es algo único, por lo que Buda luchó durante cuarenta y dos años, porque todas las religiones se detienen en el yo, el atma. Buda es el único en todo el campo que dice que a menos que vayas más allá del yo, no puedes entrar en lo universal, en lo cósmico. No puedes convertirte en las lluvias, ni en los bambúes, ni en las rosas... ¿Por qué permanecer encerrado en una pequeña bolsa? ¿Por qué no ser el todo? Según Buda, ser el todo es la única santidad.

Rinzai hace su afirmación en este contexto; y muy perfectamente.

UN MONJE PREGUNTÓ A RINZAI: "¿CUÁL ES LA ACTITUD DEL CORAZÓN QUE NO CAMBIA DE UN MOMENTO A OTRO?".

El problema es perenne. El maestro dice algo -por supuesto que tiene que usar palabras, lenguaje, conceptos, pero eso no es lo que quiere decir. Eso es pura impotencia, pura pobreza de lenguaje; no se puede hacer nada al respecto. Tenemos que utilizar el lenguaje del mercado en un mundo en el que no existe ni el cuerpo, ni la mente, ni el yo, sino sólo un silencio. ¿Cómo transmitirlo? Hay que utilizar alguna palabra, algún lenguaje, para comunicarse. E inmediatamente surge el problema: el discípulo se aferra a las palabras.

Hay que repetir una y otra vez al discípulo que la palabra no es el mensaje. La palabra es sólo un vehículo de un mensaje invisible. Ese mensaje no está contenido en la palabra, está alrededor de la palabra. No te aferres a la palabra, sólo ve la insinuación.

Pero es muy difícil. Estamos acostumbrados a entender el lenguaje entendiendo la palabra. Pero cuando llegas a un buda, tienes que entender el lenguaje de una manera nueva.

Hay que entender los huecos entre las palabras. Ahí está presente el buda. En las palabras tiene que usar la mente, pero cuando hay un hueco, ese hueco muestra su vacuidad, su nada, su más allá.

Un gran místico sufí guardaba un libro sagrado... Todos pensaban que debía de ser muy misterioso, porque nunca permitía que nadie viera su interior ni lo leyera. Lo guardaba debajo de la almohada y, cuando no había nadie, lo sacaba de su sitio, lo abría y hacía todos los gestos de la lectura.

Se hizo más y más misterioso a medida que se hacía más y más famoso. Tal vez guarde algún secreto, que sólo se entregará a unos pocos elegidos. Una y otra vez le preguntaron: "¿Por qué no habla del libro?".

No puedo hablar del libro. Cuando me haya ido, podréis leerlo; no mientras yo esté aquí, porque no puedo explicar lo que está escrito en el libro. Pero cuando me haya ido no es mi responsabilidad. Léelo tú... si lo entiendes o no es asunto tuyo".

Cada vez resultaba más misterioso. La gente intentaba por todos los medios echar al menos un vistazo. Cuando todo el mundo se había ido, alguien se escondía en el tejado, quitaba una teja y miraba. Pero en el momento en que retiraba la teja, el maestro cerraba el libro.

En el momento en que murió -era muy querido-, la gente estaba más preocupada por el libro que por su muerte. Inmediatamente sacaron el libro, y se quedaron estupefactos y sorprendidos: ¡el libro no contenía nada! Era un libro vacío. Pasaron todas las páginas... en alguna parte, tal vez, el mensaje. Pasaron una y otra vez; tal vez se habían perdido la página donde está el mensaje. Pero no había nada.

Durante mil años, el libro había sido entregado por el maestro a su sucesor, un discípulo. Es muy significativo; dice: "No mires las palabras, lee el vacío".

Este monje está preguntando:

"¿CUÁL ES LA ACTITUD DEL CORAZÓN QUE NO CAMBIA DE UN MOMENTO A OTRO?"

En cualquier caso, no puede tratarse de su propia experiencia, porque el que sabe no se hará semejante pregunta. Cuando el corazón está vacío no tiene actitud. Si tiene una actitud, ¿cómo puede estar vacío? Cuando el corazón está vacío, esta pregunta no puede surgir:

"¿CUÁL ES LA ACTITUD BUDEL CORAZÓN QUE NO CAMBIA DE UN MOMENTO A OTRO?"

DIJO EL MAESTRO, "DESDE EL MOMENTO EN QUE TE PLANTEAS ESTA PREGUNTA, YA EXISTE LA DIFERENCIA..."

Le está haciendo tomar conciencia de que en el momento en que te planteas esta pregunta, has creado la diferencia. En el momento en que la pregunta surge en ti, tu corazón ya no está vacío. Y cualquiera que te dé una respuesta hará que tu corazón vuelva a estar lleno de actitudes, respuestas, preguntas... Perderá su vacío; y ese vacío es su belleza, su pureza, su grandeza.

Nadie más ha comprendido la belleza del vacío, de no ser nadie, de ser sólo una nada, un silencio puro donde nada se mueve. Gautam Buda se alza como el pico más alto del Himalaya. Ha habido muchos místicos, pero la altura de Gautam Buda, su pureza, su claridad, son incomparables.

Rinzai y otros simplemente transmiten la misma experiencia. Por supuesto, no son tan elocuentes como el propio Gautam Buda, pero todos se esfuerzan al máximo por satisfacer al discípulo, al que pregunta.

EL MAESTRO DIJO: "DESDE EL MOMENTO EN QUE TE PROPONES HACER ESTA PREGUNTA, YA EXISTE LA DIFERENCIA..."

Ya no eres el mismo. El corazón vacío no pide nada; todo le viene por sí mismo.

Basta con mirar las lluvias... No hemos quemado a ninguna mujer en una pira funeraria; tampoco hemos quemado a ningún Shankaracharya. No nos dejamos llevar por ideas tan estúpidas, pero Poona nunca ha conocido unas lluvias como las de este año. ¿Cuál es la razón? Cuando diez mil personas se sientan en silencio, las nubes vienen solas. Sólo tienes que estar en silencio, y todo viene simultáneamente a ti—¡y en abundancia! La naturaleza está absolutamente dispuesta a entregar todos sus tesoros al corazón vacío.

Pero en lugar de hacer la pregunta, conviértete en el corazón vacío, y verás cómo suceden milagros a tu alrededor por los que no has hecho nada. Son meros regalos de la naturaleza para el hombre que tiene el corazón vacío. Se lo merece, aunque no lo pida; se siente realizado, aunque no lo pida.

Su plenitud es un fenómeno totalmente distinto. No está lleno de ninguna riqueza objetiva, fama, respetabilidad o poder. Está lleno de una profunda danza interior, una risa sin motivo, una alegría como la de un niño pequeño. El mero hecho de ser es en sí mismo un regalo; le rodea una dicha, un gran campo de silencio y presencia.

Y esto es para aquellos que sólo están en el centro. Buda quiere que vayas más allá del centro.

En pali, el yo se llama atta, y el no-yo se llama anatta. Buda es el primer hombre de la historia que ha utilizado anatta: el no-yo es tu realidad, no tienes ningún yo. Eres como una cebolla: la vas pelando, pensando que más allá de esta capa encontrarás algo. Encuentras otra capa que pelar. Sigues pelando, y finalmente no queda nada en tus manos. Esa nada es anatta.

No eres ni el cuerpo, ni la mente, ni el corazón, ni siquiera el yo. Sólo eres una conciencia pura más allá de todo tipo de jaulas. Pero no hagas preguntas. Más bien experiméntalo, porque no es algo de pregunta y respuesta. No es algo para creer, es algo para vivir.

Rinzai dice,

"En el momento en que pides, TU NATURALEZA ESENCIAL Y TU ACCIÓN SE SEPARAN....

NO SE DEJE ENGAÑAR.

DENTRO Y FUERA DEL MUNDO NO HAY COSA QUE TENGA NATURALEZA PROPIA..."

Él es muy claro. Ni una sola cosa en todo el mundo tiene naturaleza propia, porque si las cosas tienen naturaleza propia, entonces nunca podrán fundirse en lo universal. Siempre permanecerán como islas separadas, diminutas, aprisionadas en su propio cuerpo-mente-yo.

Él es realmente un hombre de coraje para decir,

"NO HAY UNA SOLA COSA QUE TENGA NATURALEZA PROPIA,

NI UNA NATURALEZA QUE PRODUZCA UN YO.
TODO SON NOMBRES VACÍOS,
Y LAS PROPIAS LETRAS DE ESTOS NOMBRES TAMBIÉN ESTÁN VACÍAS.
"SI TOMAS ESTOS NOMBRES VACÍOS COMO REALES,
COMETES UN GRAN ERROR.
PUES AUNQUE EXISTEN, PERTENECEN AL ÁMBITO DEL CAMBIO DEPENDIENTE,
SON COMO TÚNICAS PARA PONERSE Y QUITARSE".

Has estado en muchos cuerpos, en muchas especies. Has cambiado de ropa muchas veces, has cambiado de residencia muchas veces; has cambiado de dirección y de nombre muchas veces. Hace siglos que en sannyas se te da un nombre nuevo. Es indicativo: cambias el nombre conscientemente para que sepas que es sólo una ficción. El antiguo nombre se había convertido en una gran realidad; el nuevo nombre aún no está condicionado. Es simbólico, que todo en ti está cambiando continuamente, eternamente. Incluso tu yo no es el mismo, sigue cambiando. Entonces, ¿qué permanece?

Rinzai es muy directo. Dice: "EXISTE LA TAPA DE BODHI" -incluso la iluminación es una túnica, no te identifiques con ella- "EXISTE LA TAPA DE BODHI, DE NIRVANA, DE LIBERACIÓN, DE TRIKAYA -los tres cuerpos de los que hemos hablado-. Pero todas éstas son capas cambiantes; ninguna de ellas debe convertirse en morada permanente. "... DE SABIDURÍA OBJETIVA, DE BODHISATTVAS Y DE BUDA". Aunque creas que eres un buda, no te identifiques con ello, es sólo una fase pasajera. Es sólo un puente hacia la nada. El puente más perfecto, por supuesto, pero un puente al fin y al cabo.

"¿QUÉ BUSCAS EN EL ÁMBITO DEL CAMBIO DE DEPENDENCIA?"

Donde todo está cambiando, ¿qué estás buscando? Incluso el buscador está cambiando mientras tú buscas. Deja de buscar, deja de buscar, simplemente sé. Y te sorprenderás: la última parada es el yo. Es una especie de sentimiento de "soy", "soy", pero también es sólo una última parada, todavía no es un hogar. Un paso más, del yo al no-yo. Desaparece sin ninguna condición, como un perfume desaparece en el aire.

La contribución de Gautam Buda es sin duda la mayor que un hombre haya hecho a la humanidad.

"¿QUÉ BUSCAS EN EL ÁMBITO DEL CAMBIO DE DEPENDENCIA?

LOS TRES VEHÍCULOS Y LAS DOCE DIVISIONES DE LAS ENSEÑANZAS, TODO ES PAPEL VIEJO PARA FREGAR DESAGUISADOS. EL BUDA ES UN FANTASMA ILUSORIO".

Otras religiones estarían muy perturbadas. Ningún cristiano puede decir que Jesucristo es un fantasma; ningún hindú puede decir que Krishna es un fantasma. Esta valentía sólo la han demostrado los maestros Zen. No es que no amen a Buda -lo aman, lo adoran-, pero la verdad es la verdad. El Buda de tus concepciones es un fantasma ilusorio.

Tienes que ir más allá. Tienes que ser simplemente nada.

"LOS PATRIARCAS SON VIEJOS MONJES. VOSOTROS MISMOS, ¿NO HABÉIS NACIDO DE UNA MADRE?"

Si naces de una madre, estás destinado a morir tarde o temprano. Cada nacimiento hace que tengas la certeza de que vas a morir. Todo es tan ilusorio; ¿qué buscas?

Es un enfoque totalmente distinto al de cualquier otra religión. Todas te dicen que busques y busques. Pero Rinzai dice: "Deja toda búsqueda y búsqueda, y simplemente sé". Y mira profundamente en tu ser, e incluso tu ser empezará a derretirse como el hielo en junio. No quedará ni rastro de ti. Te habrás fundido en la totalidad de la existencia.

A primera vista da miedo; por eso el zen no pudo convertirse en un fenómeno mundial. Si le dices a una persona: "Puedo enseñarte a ser pobre", te dirá: "¡Piérdete!

Ya soy pobre".

Pero si alguien te dice: "Yo puedo enseñarte a ser rico", entonces sí que lo respetarás y escucharás su sabiduría. Hay miles de libros en todo el mundo que dicen a la gente cómo tener éxito, cómo ser rico. No he visto ni un solo libro que diga cómo ser pobre, cómo ser un fracasado.

Y Buda enseñaba a no ser nada. La gente le preguntaba: "¿Qué clase de enseñanza es ésta? Al menos ahora somos. Podemos estar en la miseria, podemos estar en problemas, pero al menos estamos. Enséñanos a no tener problemas, a no ser desgraciados.... En vez de eso, enséñanos a desaparecer".

Pero Buda lo sabe mejor. Sabe que mientras sigas así, vas a sufrir, vas a tener problemas. La separación misma del cosmos es la fuente de todas tus miserias. Puede tomar diferentes formas, pero la verdadera forma, la realidad, es que te has separado de esta vasta existencia.

Entonces Buda dijo: "Estoy intentando que no tengas ningún problema, ninguna miseria. No seas nada; entonces, ¿cómo vas a tener problemas? ¿Quién tendrá problemas?"

Ha descubierto una de las mayores verdades jamás encontradas: que tú y tu miseria no sois dos cosas. Tú eres la miseria, tú eres el problema. Tu mente te dice que no es así:

"Podemos cambiar la miseria". Eso es verdad.... Puedes cambiar la miseria, pero la cambiarás por otra miseria. Puedes seguir cambiando—todo el mundo lo hace—de una miseria a otra miseria. Pero nunca llegas a darte cuenta de que la verdadera miseria es que tú eres. Estás separado de la existencia.

Buda es duro, pero absolutamente cierto: hasta que no te disuelvas en la totalidad, tendrás problemas. La separación misma es la causa de tu infierno.

"SI BUSCAS AL BUDA, SERÁS ATRAPADO POR EL DEMONIO BUDA..."

Estos maestros zen tienen un valor totalmente desconocido para cualquier otra religión.

"SI BUSCAS AL BUDA, SERÁS ATRAPADO POR EL DEMONIO BUDA;

SI BUSCAS A LOS PATRIARCAS, SERÁS ATADO POR EL DEMONIO PATRIARCA.

LO QUE SEA QUE ESTÉS BUSCANDO, TODO SE CONVIERTE EN SUFRIMIENTO".

La búsqueda, en definitiva, es la fuente del sufrimiento.

No busques, sólo sé.

No vayas a ninguna parte, sólo permanece en tu centro. Un pequeño movimiento, y habrás perdido el centro. Y este centro de tu ser es sólo el centro de una pompa de jabón. Pero llegar al centro es haber llegado al menos a la puerta del templo.

Ahora no tengas miedo y entra por la puerta de la nada, del no-ser, de anatta. Deja que todo tu ser se llene de la sensación de que "yo no soy; la existencia es".

Comprender a Gautam Buda, o a sus discípulos que han alcanzado esta nada, es absolutamente imposible con la mente. La mente siempre querrá ser. La mente siempre pensará: "Qué enseñanza tan extraña, hacer tanto esfuerzo arduo para no ser. Con tanto esfuerzo, podrías haberte convertido en el hombre más rico del mundo. Con tanto esfuerzo, podrías haber llegado a ser primer ministro, presidente. Y este extraño tipo ha abandonado él mismo su reino, y ahora enseña a la gente a no ser nada".

No creo que... si alguien escribe un libro, como Dale Carnegie—El libro de Dale Carnegie se ha vendido segundo después de la Santa Biblia. HOW TO WIN FRIENDS AND INFLUENCE PEOPLE es el título de su libro. Y ciertamente ha hecho muchos amigos—hay Clubes Dale Carnegie por todo el mundo, donde se lee su libro.

Imparten clases, escuelas y cursos. Si lees su libro, lo verás: está creando una ciencia de la hipocresía. Tanto si quieres sonreír como si no, debes sonreír, incluso a un desconocido, porque nunca se sabe si mañana lo necesitarás.

He estado haciendo justo lo contrario: cómo influir en la gente, ¡y aumentar tus enemigos!

Y creo que tengo más éxito que Dale Carnegie.

El zen no podría convertirse en una experiencia mundial por la sencilla razón de que nadie está preparado para esa gran explosión en la que te pierdes. Pero piensa por un momento: ¿qué eres?

¿Qué vas a conservar? Y para qué, ¿qué vas a hacer con ello? Incluso si te descubres a ti mismo, ¿qué vas a hacer con ello?

Crearás nuevas miserias, nuevos problemas, nuevos compromisos, nuevas citas, nuevas aventuras amorosas... porque no puedes limitarte a ser. Si no, empezarás a pensar: "¿Me he vuelto loco?". Sin novia, sin novio, sólo sentado en tu habitación, sin ser nadie... ¡Saldrás de tu habitación, cogerás tu bicicleta alquilada y te irás corriendo a buscar a alguien! Sabes que habrá problemas, pero es mejor: al menos esos problemas te mantienen vivo. Una buena pelea en el pub, volver a casa borracho, tambaleándote, pero al menos estás.

Pero, ¿qué sentido tiene?

La experiencia del Zen es que, a menos que vayas más allá de ti mismo y empieces a disfrutar de no ser nadie; a menos que la nada se convierta en tu dicha, habrás perdido tu vida por completo. Es el mayor reto que se le puede plantear a cualquier ser humano. Y sólo aquellos que tienen corazón de león han seguido el camino del Zen, incluso en China, sólo una pequeña corriente; en Japón, una corriente muy pequeña.

Cuando me detuvieron en Estados Unidos, el primer telegrama llegó de un maestro zen de Japón, dirigido a Ronald Reagan, con copia para mí. Decía: "Estás haciendo la peor y más estúpida cosa que uno pueda concebir". El carcelero vino corriendo hacia mí y me dijo: "¿Quién es este hombre?".

Le dije: "No lo sé, pero desde luego es un hombre comprensivo".

El carcelero dijo: "Puede que sea un hombre de entendimiento, pero no conoce los modales... ¡llamar estúpido al presidente!".

Le dije: "¡Tú no sabes nada del zen! Cuando alguien es estúpido, lo llaman estúpido. Puedes informar al presidente de que estoy de acuerdo con el maestro Zen".

El zen ha sido un camino de muy pocos elegidos que tienen las agallas suficientes incluso para desaparecer.

"BUSQUES LO QUE BUSQUES", dice Rinzai, "TODO SE CONVIERTE EN SUFRIMIENTO".

La psicología occidental no ha llegado a esta comprensión. Intentamos ayudar a la gente a salir de un sufrimiento y aparece otro. Nadie, excepto el Zen, ha comprendido que toda búsqueda se convierte en sufrimiento. No importa lo que busques -dinero, poder, riqueza, fama, o incluso si intentas ser un buda-, estás creando sufrimiento para ti mismo.

"ES MEJOR NO TENER NADA MÁS QUE BUSCAR".

¡Detente! Así que cuando digo que durante tus meditaciones... No estoy diciendo que tengas que convertirte en un Buda. Eso se convertirá en una búsqueda y un sufrimiento. Estoy diciendo que eres un buda; simplemente reconócelo, y ahí termina el asunto. Una vez que reconozcas que eres un buda, te fundirás, cuando sea el momento y la estación adecuados, en la realidad última. Ser el buda es sólo el principio del fin; pero qué hermoso principio, y qué hermoso fin. Sin lucha alguna, dejar que la existencia se apodere de ti, es el mayor éxtasis del mundo.

Rinzai ha hecho una declaración muy fuerte y honesta. Espero que os sea útil a todos los que estáis en el camino de la meditación. Recordad que éste es el camino de la desaparición.

Un haiku de Uko:

CUCKOO,
LLÉVAME HASTA DONDE
NUBES EN MARCHA.

Está diciendo lo mismo: LLÉVAME HASTA DONDE LAS NUBES SE DESPLAZAN, a lo universal, al cielo; no quiero permanecer confinado en el cuerpo, la mente, el corazón y el yo. Llévame lejos de todo esto.

Esto es lo que Gautam Buda llama libertad. Menos que eso es un compromiso.

Pregunta 1:

Maneesha ha preguntado:

NUESTRO AMADO MAESTRO,

CREO HABERLE OÍDO DECIR HACE POCO QUE CUANDO SOMOS CONSCIENTES DE NUESTRO VACÍO, CUANDO SOMOS CONSCIENTES -AUNQUE SÓLO SEA POR UN INSTANTE-, ESTAMOS EN EL MISMO ESTADO EN EL QUE USTED ESTÁ SIEMPRE. PERO, ¿NO ES CIERTO QUE SU ESTADO DE CONCIENCIA NO ES SÓLO CUANTITATIVAMENTE DIFERENTE DEL NUESTRO—EN EL SENTIDO DE QUE USTED ESTÁ CONSCIENTE LAS VEINTICUATRO HORAS DEL DÍA—SINO QUE ES CUALITATIVAMENTE DIFERENTE?

TE AMO Y AMO ESE ESPACIO DE VACÍO QUE SIENTO. ¿POR QUÉ ENTONCES ESA RETICENCIA A ACEPTAR QUE MI VACÍO ES EL MISMO QUE EL TUYO?

Maneesha, es una pregunta antigua, si hay alguna relación entre la cantidad y la calidad, o ninguna relación. La ciencia ha decidido finalmente que son intercambiables.

En un experimento muy ordinario, puedes hervir agua a noventa y nueve grados; no se evaporará. En el momento en que llegue a cien grados, se evaporará. Ahora, ciertamente, el agua evaporada y el agua líquida, aunque ambas son agua, tienen una diferencia cualitativa.

En cambio, si se sigue bajando la temperatura, el agua se convierte en hielo sólido.

Hielo, agua, vapor... lo interno es lo mismo, pero su expresión externa no sólo es cuantitativamente diferente, sino cualitativamente distinta. Por ejemplo, no se puede saciar la sed con vapor. En primer lugar, cogerlo en un vaso va a ser una tarea difícil; e incluso si lo coges, ya no es más que H2O. Se ha desintegrado en sus elementos básicos.

¿Crees que, repitiendo "H2O", como una meditación trascendental, se saciará tu sed? Simplemente necesitas agua. H2O, el mantra, no servirá.

Puedo entender tu reticencia a aceptarlo. Es por tu amor. Cuanto más me ames, más verás las alturas de mi conciencia y más verás las profundidades de la tuya. Tu amor va a revelar los valles oscuros de tu ser, y los picos iluminados por el sol de mi conciencia. Y porque me amas, no puedes simplemente cerrar los ojos y negar que hay picos iluminados por el sol. Tu amor crecerá más, hasta el punto de que tengas que recorrer el camino desde tus valles hasta los picos iluminados por el sol de la montaña.

El único hilo conductor entre el maestro y el discípulo es el del amor. No es creencia, no es fe, es amor puro y simple. Has visto en el maestro tu propia realización última; has visto en el maestro lo que puedes ser. Sólo un pequeño giro y serás el mismo.

Y tu reticencia es natural. Me has amado; no te gustaría ser igual a mí, eso parece insultante. Pero no es insultante, sólo parece lógicamente insultante. Tu amor se convierte en una profunda gratitud.

Os hablaré de Sariputta, un famoso filósofo de la época de Gautam Buda. Se convirtió en discípulo de Gautam Buda con sólo verlo. Él mismo tenía miles de seguidores, pero en el momento en que vio a Buda, dijo a sus discípulos que ahora eran libres:

"Si quieres quedarte conmigo, puedes, pero ahora estoy en un extraño amor con este hombre".

Y se iluminó en dos años. El día en que se iluminó, tenía los ojos llenos de lágrimas y sostenía los pies de Buda. Buda le dijo: "¿Por qué lloras?".

Dijo: "No puedo aceptar que soy igual a ti. Me es imposible pensar que ahora no hay diferencia entre mi conciencia y la tuya".

Buda dijo: "¡Sariputta, vuelve en ti! Es todo mi esfuerzo llevarte a la misma conciencia, a la misma altura, que yo. No te preocupes por el hecho de que te hayas convertido en un igual. Siempre has sido un igual; sólo que nunca te habías dado cuenta de ello.

Tu gratitud es suficiente, pero no te sientas reacio a aceptar tu budeidad".

Esto les va a pasar a muchos de ustedes. Pero no seáis reacios. Tu mente dirá: "Puedes elevarte todo lo que puedas, pero no te eleves a la altura de tu maestro".

Hay maestros en el mundo, falsos, fraudes, a los que no les gustaria que te elevaras a sus alturas—si es que tienen alguna. El maestro autentico insiste en que te conviertas en lo mismo, que te quedes en las mismas alturas. Esa es, en cierto modo, la definicion de un autentico maestro. Para el, tu ya eres el mismo, solo que no lo reconoces. Todo el esfuerzo consiste en que lo reconozcas.

Las lluvias han venido a escuchar tu risa. Pobres lluvias, nadie se ríe de ellas.

Nadie saluda; al contrario, la gente lleva paraguas. Eso es insultante.

El Papa Polaco es invitado a la Casa Blanca para pronunciar un discurso especial sobre el papel del Vaticano en la salvación del mundo. Mientras habla a un grupo de personas en el césped, tose y su dentadura postiza cae al suelo y se rompe.

Al ver la situación, un invitado cercano rebusca en su bolsillo y saca una dentadura postiza.

Avergonzado, el Papa tantea con ellos, pero como son demasiado grandes, no puede meterse los dientes en la boca.

Entonces el invitado mete la mano en otro bolsillo y le ofrece otra dentadura postiza. Pero esta vez son demasiado pequeñas.

El invitado saca un tercer juego de su bolsillo trasero y el polaco desdentado se los mete en la boca. Estos dientes encajan.

Nervioso, pero feliz, Pope el Polaco se vuelve hacia el invitado y le dice: "¡Vaya! Es genial.

¿Es usted dentista?"

"No", responde el invitado, con un guiño, "¡soy enterrador!".

Tardarás un poco en conseguirlo. Pero en mitad de la noche, ¡no te olvides de conseguirlo!

El padre Fumble, recién ordenado sacerdote, va a hacer prácticas católicas con su maestro, el padre Fungus.

Los dos sacerdotes se sientan juntos dentro del confesionario de la Capilla de la Sagrada Virgen, y escuchan todos los crímenes contra Dios Todopoderoso.

"He fornicado con dos desconocidos esta semana", confiesa Katie. "Por favor, perdóneme, Padre".

"Estás perdonada, hija mía", dice el padre Fungus. "Pon cuarenta dólares en la hucha y reza diez avemarías".

"He sido adúltera con mi vecino", suplica Polly, la siguiente pecadora.

"Estás perdonada, hija mía", dice el padre Fungus. "Veinte dólares en la caja y diez Ave Marías".

"Entonces", le dice Fungus al Padre Fumble. "¿Lo entiendes? Todas las tarifas están escritas en este librito, y si tienes algún problema, yo estaré arriba".

El padre Fumble se sienta solo en el confesionario y entra el siguiente cliente.

"Padre", confiesa Betty, "acabo de hacerle una mamada a mi novio Boris".

"¿Mamada?" dice el Padre Fumble, hojeando su libro. ¿"Mamada"?

Luego grita arriba: "¡Eh, Padre Hongo! ¿Qué hago para una mamada?"

"Dile que ponga diez dólares en la caja", vuelve a llamar el padre Fungus, "¡y que suba aquí!".

¡Esto lo entiendes perfectamente!

Swami Deva Coconut consigue un trabajo en el equipo personal de Nancy Reagan. Un día, oye por casualidad a Nancy quejarse a Ed Meese de que ella y Ronnie tienen muchos problemas con su vida amorosa.

En un momento oportuno, Swami Coconut se lleva a Nancy aparte y le sugiere que pruebe a montarse encima de su marido, en lugar de tumbarse debajo en la tradicional postura del misionero.

La moral cristiana fundamentalista de Nancy se escandaliza bastante, pero está tan desesperada que acepta intentarlo.

A la mañana siguiente, una Nancy encantada se encuentra con Coco en la biblioteca.

"Fue como magia", dice Nancy sin aliento. "Fue maravilloso. Pero dígame, Mr.

Coco, ¿cómo sabías que una cosa tan simple como esa marcaría la diferencia?".

"Fácil", responde Coconut. "¡Todo el mundo sabe que Ronald Reagan sólo sabe cagarla!".

Nivedano...

Nivedano...

Guarda silencio.

Siente que todo tu cuerpo se congela.

Cierra los ojos.

Esta hermosa noche, esta gran lluvia, este tremendo silencio, te ayudarán a ir hacia dentro lo más profundamente posible.

Entra...

Cada vez más profundo.

Tienes que cruzar todas las líneas de las que te hablé... el cuerpo, la mente, el corazón. Llegar al yo, al centro; y entonces podrás dar un salto a la eternidad, al cosmos último.

Entonces podrás abrir las alas y volar por el cielo.

Todo el esfuerzo de la meditación es darte el sabor de la libertad última. Así que no tengas miedo de nada, no hay nada que temer.

Es tu propio cielo, es tu propia verdad, es tu propia originalidad.

Este es el buda que hay en ti. Reconócelo, recuérdalo... y acuérdate de recordarlo después.

Ser un buda es sólo un recuerdo, no es un logro.

Ya lo eres.

Para dejarlo claro, Nivedano...

Relájate, déjate llevar.

El cuerpo morirá, míralo como un cadáver; con él desaparecerá la mente.

Sólo un observador permanece eternamente contigo.

Es tu naturaleza esencial, pero el observador no es el yo.

El observador es un no-yo, es la nada.

Es el corazón vacío, es una apertura al universo.

Deja que la experiencia cale hondo en cada fibra de tu ser, porque tiene que ser tu estilo de vida. Tiene que estar presente en tus acciones. Lleva siempre contigo el recuerdo de que eres un buda, y esto transformará todas tus acciones y respuestas.

Este es el milagro... porque no cultivamos ninguna moralidad, simplemente despertamos a tu buda. Y toda la moralidad, toda la verdad, toda la sinceridad y toda la honestidad simplemente siguen tu recuerdo del buda, como una sombra.

Nivedano...

Volved, pero volved como budas, sin ninguna vacilación. Traed con vosotros la experiencia del núcleo más profundo.

Siéntate unos instantes, sin ninguna reticencia, como un buda. Es tu derecho, tu derecho de nacimiento. No es nada parecido a un logro, es sólo recordar una lengua olvidada.

Eres un buda, lo sepas o no. Es mejor saberlo, porque entonces transforma toda tu vida, trae nuevas alegrías y nuevas flores, nuevas bendiciones, nuevas comprensiones, nuevas claridades y percepciones. Es un cambio total.

La moral hay que cultivarla; es falsa. Pero recordar la propia budeidad... la moralidad viene como una sombra, por sí misma. Entonces tiene una belleza, una gracia tremenda; entonces no lo estás haciendo, simplemente está sucediendo.

Entrar en el mundo de la espontaneidad y los sucesos es la única razón por la que estás aquí. No estamos buscando nada. Simplemente intentamos recordar quiénes somos, qué es lo que constituye el centro de nuestra vida. Encontrando el centro, no pasará mucho tiempo antes de que de repente te des cuenta: este centro es también el centro de toda la existencia—todos estamos conectados en las raíces.

Y la experiencia de ser uno con la existencia es la experiencia más grande y valiosa que es posible para la conciencia.

Te estás preparando para enfrentarte a un milagro: centímetro a centímetro, te estás acercando cada vez más al precipicio, que yo llamo el centro. Un paso más, más allá, y sabrás que nunca estuviste separado de la existencia; nunca has nacido, y nunca has muerto - - eres una eternidad.

La alegría que produce, el éxtasis que produce y la danza que produce... convierten toda tu vida en una celebración.

¿De acuerdo, Maneesha?

Sí, amado Maestro.

¿Podemos celebrar los diez mil budas?

¡Sí, amado Maestro!

El Buda: El vacío del corazón

De la superficie al centro

NUESTRO AMADO MAESTRO, DIJO SHOITSU A CHIZEN: EN LA ESCUELA DE LOS MAESTROS ANCESTRALES, APUNTAMOS DIRECTAMENTE A LA MENTE HUMANA. LAS EXPLICACIONES VERBALES Y LOS RECURSOS ILUSTRATIVOS EN REALIDAD PIERDEN EL PUNTO.

NO CAER EN EL VER NI EN EL OÍR, NO SEGUIR EL SONIDO NI LA FORMA, ACTUAR LIBREMENTE EN EL MUNDO FENOMÉNICO, SENTARSE Y TUMBARSE EN EL MONTÓN DE MIRÍADAS DE FORMAS, NO INVOLUCRARSE CON LOS FENÓMENOS AL ESPIRAR, NO ATARSE A LOS RACIMOS Y ELEMENTOS DE LA EXISTENCIA AL INSPIRAR, EL MUNDO ENTERO ES LA PUERTA DE LA LIBERACIÓN. TODOS LOS MUNDOS SON LA VERDADERA REALIDAD.

UN MAESTRO UNIVERSAL SABE A LO QUE VIENE, EN EL MOMENTO EN QUE SE PLANTEA. ¿CÓMO LO ENTENDERÁN LOS PRINCIPIANTES Y LOS REZAGADOS?

SI AÚN NO LO ENTIENDES, POR EL MOMENTO ABRIMOS UN CAMINO EN EL PORTAL DE LA VERDAD SECUNDARIA. HABLA DONDE NO HAY NADA QUE DECIR; MANIFIESTA LA FORMA EN MEDIO DE LA FALTA DE FORMA.

DURANTE TUS ACTIVIDADES DIARIAS RESPONDIENDO A LAS CIRCUNSTANCIAS EN EL REINO

DE LAS DISTINCIONES, NO PIENSES EN DESHACERTE DE NADA. NO LO ENTIENDAS COMO UNA MARAVILLA OCULTA—SIN CAMINO DE LA RAZÓN, SIN SABOR, DÍA Y NOCHE, OLVIDANDO EL SUEÑO Y LA COMIDA, TEN PRESENTE ESOS DICHOS.

SI AÚN NO LO ENTIENDES, PASAMOS A HABLAR DE LO TERCIARIO, EXPONIENDO LA MENTE Y LA NATURALEZA, HABLANDO DE MISTERIO Y MARAVILLA.

UN ÁTOMO CONTIENE EL COSMOS, UN PENSAMIENTO LO IMPREGNA TODO. ASÍ DIJO UN ANTIGUO:

"TIERRAS Y MUNDOS INFINITOS SIN DISTINCIONES ENTRE UNO MISMO Y LOS DEMÁS, DIEZ EDADES PASADAS Y PRESENTES NUNCA ESTÁN SEPARADAS DE ESTE MOMENTO DE PENSAMIENTO".

Maneesha, todo el sentido del Zen, toda su filosofía, toda su teología, está contenido en el momento presente. Si puedes permanecer en el momento presente, las puertas de la sabiduría se abrirán solas. De mil maneras se ha dicho lo mismo, una y otra vez:

Este momento lo contiene todo, el universo entero, pasado, presente y futuro. Este momento lo es todo. Si podemos entrar en la realidad de este momento, estaremos entrando en el centro mismo del universo, en la fuente misma de la vida.

El interés del Zen no está en los dioses, ni en los paraísos. Su interés es absolutamente la vida, conocida en su eternidad, con todas sus alegrías y celebraciones. Es una religión de celebración. No es triste, seria. Porque no va a conseguir nada, no puede fracasar. Su victoria es absolutamente segura porque lo que busca ya está dentro de ti. Es la fuente de vida de todos. Combinado, se convierte en la fuente de vida de todo el universo. Nosotros sólo somos pequeñas ramas que salen de la fuente universal.

En el momento en que te das cuenta de tu universalidad, todas tus angustias parecen tan triviales, tan minúsculas... la sola comprensión de tu eternidad las hace desaparecer, se convierten en sombras. En el momento en que te das cuenta de tu fuente de vida, pierden su realidad. En otras palabras tus ansiedades, tus problemas y tus angustias son reales si no te conoces a ti mismo. Esa es tu vida, si no conoces tu fuente de vida.

Lo que en Occidente se conoce como existencialismo debió de preceder a Gautam Buda en Oriente. El existencialismo dice que la vida no es más que angustia, ansiedad, angustia; no tiene sentido. Sólo existe el fracaso; ése es tu destino. Da un color muy oscuro, un enfoque muy negativo, a la existencia. Escuchando a los existencialistas modernos uno sólo puede sentir que tal vez el suicidio sea la única salida. La vida, de todas las maneras posibles, va a estar llena de ansiedad.

Según tengo entendido, antes de la época de Gautam Buda debió de existir el mismo tipo de sentimiento en Oriente: que la vida carece de sentido. Conozco los nombres de al menos tres personas que fueron muy famosas en aquella época, pero toda su literatura ha sido destruida porque todo su punto de vista era contrario a la vida. Uno era Sanjay Bilattiputta, otro era Ajit Keshkambal y el tercero era Gosal. Estas tres personas eran tan inteligentes como cualquier Gautam Buda. Pero predicaban que la vida no tiene sentido; todo el significado que le das es tu imaginación. Es sólo una esperanza que te hace seguir adelante, a través de todos los sufrimientos, a través de todos los incidentes sin sentido. Y desde la cuna hasta la tumba, no encontrarás un solo lugar donde descansar. Es sólo inquietud.

Pero con Gautam Buda, las cosas tomaron un giro diferente, un giro que es enorme. Occidente necesita un Gautam Buda; de lo contrario, la idea del sinsentido, la ansiedad, la angustia, está abocada a crear la idea del suicidio como salida. Gautam Buda acepta todo lo que dice el existencialismo, pero dice que la vida carece de sentido y está llena de ansiedad porque no has profundizado lo suficiente en tu ser. En la superficie todo es confusión, igual que en el océano: en la superficie hay mucha confusión, pero en las profundidades hay un silencio absoluto.

Cuanto más te adentras en el océano, más silencio... silencio absoluto. Y alcanzando el silencio absoluto empiezas a mirar las cosas con otros ojos. Las mismas cosas están ahí, el mundo es el mismo, pero como ahora tienes ojos diferentes, empiezas a ver de otra manera. La misma flor de rosa se vuelve tan hermosa que no hay necesidad de que tenga ningún propósito; sólo su belleza se basta a sí misma. El canto de un cuco puede no tener ningún significado, pero tiene una belleza, una grandeza que penetra hasta el mismo corazón. Y si el corazón se vacía con la meditación, se vislumbra la música auténtica, la música espontánea. Todo lo que te rodea empieza a tomar otra forma, otro contexto. El único cambio que se necesita es que vayas de la superficie al centro de tu ser.

Ahora bien, es muy importante comprender este punto, porque unos pocos han escapado de la superficie renunciando al mundo. Piensan que es el mundo el que está creando una perturbación, que es el mundo el responsable de nuestras ansiedades. Esa ha sido la actitud tradicional del sannyasin, del monje. Simplemente dejar este mundo, esconderse detrás de un monasterio o detrás de una montaña, sólo para alcanzar un poco de paz.

Pero sé que incluso escondido detrás de una montaña, tu mente será la misma que en el mercado. Allí también creará problemas y ansiedades. Tal vez más que nunca, porque llegará el frío invierno y no tendrás suficiente ropa, llegará el caluroso verano y no tendrás un techo, un refugio. ¿Y de dónde vas a sacar la comida? De nuevo tendrás que venir por la puerta de atrás, como un mendigo, al mismo mercado al que has renunciado.

Todos estos supuestos santos que han renunciado al mundo simplemente se han vuelto dependientes del mundo, parásitos, pero no han alcanzado ninguna visión nueva. Así que el camino que te aleja de la confusión no es el camino correcto. El camino correcto es ir lo más profundo posible en la confusión, porque en las profundidades no hay olas, no hay confusión.

Mi sannyasin no es renunciar a nada en el mundo. Todo es bello. Si no te atrae, algo anda mal contigo. Ve a tu interior. Primero busca y escudriña la fuente de tu ser, de tu vida. Una vez que hayas captado las raíces de tu ser, entonces sal y abre los ojos y verás el mismo mundo pero con un nuevo color, con una nueva intensidad, con un nuevo amor, con una nueva belleza. El mismo mundo ya no es el mismo porque tú ya no eres el mismo. Al transformarte a ti mismo has transformado el mundo entero.

Tiene toda la razón cuando Gautam Buda dice: "En el momento en que me iluminé, el mundo entero se iluminó. Todo me parecía un buda, despierto o dormido. Podía ver, incluso en las flores, las hierbas o las piedras, budas profundamente dormidos".

Toda la existencia es, por su propia naturaleza, nada más que conciencia, y la conciencia puede ser de diferentes profundidades. La piedra puede estar profundamente dormida. No puedes despertarla, pero eso no significa que no haya una fuente de vida oculta en la piedra. La piedra crece. El Himalaya crece un palmo más alto cada año. ¡Estúpidos!

Ya son las montañas más altas del mundo, pero la misma estupidez que tienen los seres humanos... siguen creciendo.

Algunas montañas antiguas de la India—la más antigua es Vindhyachal—han dejado de crecer hace millones de años. Viendo que no tiene sentido... ¿qué vas a hacer, crecer innecesariamente en altura? Simplemente disfruta. No puedes disfrutar mientras estás involucrado en lograr algo. Cuando no estás involucrado en el logro, cuando no hay deseo de llegar a alguna parte, puedes disfrutar del momento, aquí, ahora.

El Zen es la religión del aquí y el ahora. Recuerda siempre este contexto en cualquier afirmación que estemos discutiendo. Es un enfoque totalmente diferente al de otras religiones.

Incluso los budistas no aceptan el Zen, porque el Zen tiene tal rebeldía, tal independencia que no puede aceptar ninguna autoridad a menos que sea la autoridad de su propia experiencia. Incluso los budistas piensan que el Zen es un poco excéntrico, fuera del molde, que no pertenece a la vasta corriente del budismo.

Pero en lo que a mí respecta, es la esencia misma del corazón de Buda. Sin el Zen, el budismo es una religión tan muerta como cualquier otra. Es el Zen el que sigue trayendo flores, es el Zen el que sigue siendo un jardín; todas las demás religiones se han convertido en desiertos. Pero, ¿por qué sigue trayendo flores? Porque no depende de las escrituras ni de la tradición. Su propio mundo se limita a tu interior, y si tú cambias, el mundo que te rodea tiene que cambiar en consecuencia.

Un hombre como Gautam Buda, con sólo estar despierto, cambia el carácter de todo lo que le rodea. Su visión, su resplandor, su presencia... al menos para él es un mundo diferente.

Estas pequeñas afirmaciones de los maestros zen deben escucharse con mucha atención. No hay que estar ni de acuerdo ni en desacuerdo. Si empiezas a estar de acuerdo o en desacuerdo, pierdes el punto.

Escucha en silencio como si estuvieras escuchando el sonido de un río, o el sonido del viento soplando entre los pinos. Sólo escúchalo, sin traer tu mente para decir: "Sí, está bien" o "No, no está bien".

Cualquier afirmación o interpretación de tu mente va a distorsionar todo el asunto. La afirmación no es lingüística. No es el lenguaje, es algo invisible, al lado del lenguaje, lo que se está transmitiendo. Así que si escuchas en silencio, el lenguaje no importa. Tu silencio se hace más profundo... eso es lo que importa. Lo que decía la lengua es inmaterial, sólo era un vehículo.

Hace sólo unos días Anando me trajo la noticia. Nunca había pensado en ello, y no creo que nadie lo haya hecho nunca: acaban de descubrir que la electricidad no circula por los cables, sino por los lados, junto al cable, un compañero de viaje, no dentro del cable. Toma la ayuda del cable, pero —este es un descubrimiento muy significativo— la electricidad no está en el cable mismo.

Para mí, adquiere un nuevo significado: las palabras del maestro no son el verdadero mensaje; las palabras son como los cables de la electricidad. Junto a los cables corre un mensaje invisible a los ojos, sólo capaz de ser comprendido por un corazón vacío.

Siéntate en silencio, en el vacío más absoluto. Tu acuerdo o desacuerdo no son necesarios. Basta con que tu silencio se profundice, con que tu vacío se haga cada vez más vacío, y habrás comprendido sin molestarte siquiera en las palabras. Esas palabras eran todas arbitrarias.

DIJO SHOITSU A CHIZEN:

EN LA ESCUELA DE LOS MAESTROS ANCESTRALES, APUNTAMOS DIRECTAMENTE A LA MENTE HUMANA. EN REALIDAD, LAS EXPLICACIONES VERBALES Y LOS RECURSOS ILUSTRATIVOS NO VAN AL GRANO.

La cuestión es cómo indicarte el camino hacia tu propio corazón. Shoitsu está diciendo que las EXPLICACIONES VERBALES Y LOS DISPOSITIVOS ILUSTRATIVOS EN REALIDAD ERRAN EL PUNTO - la mayoría de las veces. De vez en cuando, una persona ha comprendido que no se trata del lenguaje o de la filosofía, sino que las palabras se utilizan igual que un alambre y que a su lado corre una vida, una energía. Esa energía sólo puede ser absorbida por tu corazón vacío. Si el corazón está lleno de cosas, de demasiados muebles... la energía vital no entrará en un espacio demasiado lleno. Sólo entra en el vacío total.

Shoitsu está diciendo: APUNTAMOS DIRECTAMENTE A LA MENTE HUMANA.

¿Qué hacemos aquí? Hablo contigo, pero eso es sólo una preparación para que en la meditación pueda apuntar directamente a tu corazón. Es absolutamente necesaria cierta preparación para cortar toda la basura, para tirar todas las escrituras, para expulsar a todos los antiguos budas y siddhas, de modo que te quedes absolutamente solo. A partir de ese momento puede comenzar la meditación. Cuando tu corazón está completamente vacío, no es difícil apuntar a la fuente de tu ser.

NO CAER EN EL VER NI EN EL OÍR, NO SEGUIR EL SONIDO NI LA FORMA, ACTUAR LIBREMENTE EN EL MUNDO FENOMÉNICO, SENTARSE Y TUMBARSE EN EL MONTÓN DE MIRÍADAS DE FORMAS, NO INVOLUCRARSE CON LOS FENÓMENOS AL ESPIRAR, NO ATARSE A LOS RACIMOS Y ELEMENTOS DE LA EXISTENCIA AL INSPIRAR, EL MUNDO ENTERO ES LA PUERTA DE LA LIBERACIÓN. TODOS LOS MUNDOS SON LA VERDADERA REALIDAD.

Si has concentrado tu energía vital en el corazón vacío, entonces todo lo falso simplemente desaparece y sólo queda lo real. Entonces el mundo entero es real, no hay necesidad de decir que es ilusorio. Han dicho que es ilusorio los escapistas que querían huir de él. Necesitaban alguna excusa. Llamaron a este mundo entero, a todas las relaciones, a todo, ilusorio... como los sueños.

Siempre me he preguntado... Me he reunido con muchos santos escapistas y les he preguntado: "Si realmente ves que este mundo es ilusorio, hecho de la misma materia de la que están hechos los sueños, ¿por qué escapas de él? ¿Qué sentido tiene? Según vosotros, el mundo no existe. Estáis renunciando a un mundo inexistente".

Si el mundo no existe, ¿por qué no disfrutarlo? Ten sueños buenos y agradables: ¡abandona las pesadillas! Ordena las cosas: lo que sea una pesadilla, déjalo.

Y eso es lo que ocurre cuando un hombre alcanza su centro. Lo que es una pesadilla -y toda tu vida hasta ahora ha sido una pesadilla- simplemente desaparece. Y un mundo tremendamente bello surge de las cenizas del viejo mundo que conocías. Parece el mismo, pero como tu visión es diferente, no es el mismo.

Ni uno solo de los santos que he conocido -y he estado vagando por ahí durante casi treinta y cinco años y he conocido a casi todo tipo de santos, hindúes, jaina, mahometanos, cristianos- ni uno solo ha sido capaz de responder a una simple pregunta: si el mundo es ilusorio, entonces no importa, déjalo estar; ¿a dónde vas? Escapar de un mundo que es ilusorio es un acto muy estúpido. Si el mundo es real, tiene sentido escapar de él si no lo quieres. Pero es ilusorio. Y si las ilusiones surgen de tu mente, entonces dondequiera que vayas, surgirán las ilusiones.

Un gran santo se estaba muriendo y le dijo a su sucesor, un joven: "Recuerda una cosa:

nunca permitas que haya un gato en tu vida", y murió. Una gran multitud se había reunido para escuchar la última declaración de este gran santo... ¡y qué frase! "Nunca permitas un gato en tu vida". El sucesor dijo: "Dios mío, ¿por qué debería permitir un gato en mi vida en primer lugar? ¿Y esta es toda la religión?" Pero un anciano—que también era discípulo, pero no fue elegido sucesor porque era demasiado viejo; él mismo iba a morir en uno o dos años—le dijo: "No lo sabes, hay una larga historia detrás. Él sólo te ha dado el remate".

Dijo: "Entonces debo conocer toda la historia".

Se cuenta que cuando el santo renunció a su mujer, a sus hijos y a su hogar y se fue al Himalaya, vivió cerca de una pequeña aldea. Si no, ¿de dónde sacaría la comida? Pero los aldeanos estaban contentos de tener un santo propio, así que le hicieron una casita de bambú.

Los monjes indios utilizaban, en lugar de ropa interior, sólo una larga tira de tela llamada langot. Es un "mini"—mini-est—porque sólo es una tira larga... que envuelven alrededor de sí mismos. Sólo se les permitía tener dos langotis. Pero surgió un problema: unas ratas entraron en la casa y empezaron a masticar el langot. El hombre se vio en un gran apuro; sólo tenía dos langotis y pronto desaparecerían. Así que preguntó a los aldeanos: "¿Qué hacemos?

porque mi secta no permite que un santo tenga más de dos langotis. Es la única posesión permitida".

Me dijeron: "¿Por qué no coges un gato del pueblo? Matará a las ratas". Era una solución perfectamente racional. Así que los aldeanos le dieron un buen gato, y el gato mató a las ratas. Pero el problema era que ahora tenía que mendigar su comida y el gato también necesitaba algo de comer, porque las ratas estaban acabadas. Así que tuvo que mendigar un poco de leche para el gato.

Los aldeanos dijeron: "Este es un pueblo pequeño... lo mejor para nosotros es que tengas una vaca".

Todo el pueblo puede aportar algo de dinero y comprar una hermosa vaca, y así serás muy independiente. Podrás tener leche suficiente para ti y para tu gato".

Parecía correcto, así que se trajo una hermosa vaca. Ahora el problema era que la vaca necesitaba hierba. Así que todos los días tenía que ir al pueblo a pedir hierba. La gente decía: "Esto no está bien. ¿Un gran santo pidiendo hierba? De hecho, ningún santo ha pedido nunca hierba; no es convencional".

Dijo: "Pero, ¿qué hacer? Mi vaca, mi gato..."

Así que dijeron: "Una solución sencilla: somos aldeanos, no sabemos mucho de vuestra filosofía. Una mujer se ha quedado viuda; su marido ha muerto, y ella no tiene a nadie.

Así que la convenceremos. Estará muy contenta de servir a un santo y así no tendrás que venir todos los días. Limpiaremos un poco de tierra al lado de tu choza para que ella pueda cultivar hierba, pueda cultivar trigo... y ella cuidará de ti en la enfermedad, en la enfermedad".

La idea era correcta... siempre era correcta. No supuso mucho esfuerzo persuadir a la mujer; estaba sola y el santo era joven... había una posibilidad, una esperanza. Así que aceptó de inmediato. Empezó a ocuparse, y ya se sabe cómo crecen las cosas....

Basho dice: "La hierba crece por sí misma". De hecho, muchas cosas crecen por sí solas. Así que la hierba empezó a crecer, se enamoraron... la mujer era hermosa, el santo era joven.

¿Qué más se necesita? Trabajaron en el campo, empezaron a cultivar trigo y empezaron a cultivar hierba. El gato estaba muy contento y la vaca también, todo era perfecto. Pero entonces llegó lo último... los niños, y entonces pensó: "¡Dios mío, esto es lo que había dejado atrás! He renunciado al mundo—¡esto es todo el mundo otra vez!

Creció tan lentamente que no fui consciente hasta que llegaron los niños".

Ahora, sólo por el gato entró el mundo entero. El viejo dijo: "Ése era el remate. Te dijo: 'Recuerda no permitir un gato', porque detrás del gato entra el mundo entero". Hablaba de la historia de su propia vida, de cómo volvió a dedicarse al mismo mundo: llevar a los niños a la escuela... y la gente empezó a reírse de él:

¿Qué clase de santo eres? ¡Mantienes a una mujer! Has caído de tu grandeza".

"Pero, ¿qué hacer ahora? Una vez que has caído, has caído; es muy difícil volver a levantarse. Pensó muchas veces en volver a renunciar, pero pensó... ¿para qué?

Esas ratas están por todas partes. Otra vez empezará la misma historia. Es mejor guardar silencio".

Tu mente, tu cuerpo, ambos necesitan ciertas cosas. No puedes renunciar al mundo, sólo puedes convertirte en un mendigo. Pero convertirse en mendigo no es convertirse en santo. Mi opinión es clara: debes estar en el mundo. No hay nada que temer; sólo debes concentrar tu energía vital en ti mismo y eso marca la diferencia. Permaneces en el mundo y, sin embargo, no estás en el mundo. Estás en el mundo, pero el mundo no está en ti. Y para mí, esa es la verdadera definición de un sannyasin:

permaneciendo en el mundo, igual que una flor de loto, permaneciendo en el agua pero sin ser tocada por ella.

UN MAESTRO UNIVERSAL SABE A LO QUE VIENE, EN EL MOMENTO EN QUE SE PLANTEA. ¿CÓMO LO ENTENDERÁN LOS PRINCIPIANTES Y LOS REZAGADOS?

SI AUN NO LO ENTIENDES, POR EL MOMENTO ABRIMOS UN CAMINO EN EL PORTAL DE LA VERDAD SECUNDARIA.

No estoy de acuerdo en ese punto. Shoitsu está diciendo que si no puedes comprender la señal directa a tu corazón, entonces tenemos que descender un poco más bajo—pero eso será "verdad secundaria". Eso será como la luna reflejada en el agua; no será la verdadera luna. Será sólo una luna reflejada. En el lenguaje, la verdad a lo sumo puede ser sólo un reflejo. Así que está diciendo que si no puedes obtenerla directamente, instantáneamente, entonces tendremos que bajar al lenguaje.

No estoy de acuerdo con la afirmación porque entiendo que hay que empezar por el lenguaje. Hay que empezar con el reflejo de la luna en el agua. Y si has visto el reflejo en el agua, te pueden decir que mires un poco hacia arriba: "Es sólo un reflejo; la realidad está ahí, en lo alto del cielo". El lenguaje no es algo secundario que se utiliza cuando el primero ha fallado. El lenguaje es lo primordial, crear el trasfondo para apuntar directamente a lo más íntimo de tu corazón.

HABLAR DONDE NO HAY NADA QUE DECIR; MANIFESTAR LA FORMA EN MEDIO DE LO INFORME.

DURANTE TUS ACTIVIDADES DIARIAS RESPONDIENDO A LAS CIRCUNSTANCIAS EN EL REINO DE LAS DISTINCIONES, NO PIENSES EN DESHACERTE DE NADA.

En este punto estoy de acuerdo con él.

... NO PIENSES EN DESHACERTE DE NADA. NO LO ENTIENDAS COMO UNA MARAVILLA OCULTA... SIN

CAMINO DE LA RAZÓN, SIN SABOR, DÍA Y NOCHE, OLVIDANDO EL SUEÑO Y LA COMIDA, TEN PRESENTE ESOS DICHOS.

SI AÚN NO LO ENTIENDES, PASAMOS A HABLAR DEL TERCIARIO,

El tercer paso, si no entienden el idioma, dice entonces tendremos que descender aún un poco más. Creo que no sólo no estoy de acuerdo con él, sino que es humillante para los discípulos decir: "Tendremos que hablar en un tercer nivel".

... EXPONIENDO LA MENTE Y LA NATURALEZA, HABLANDO DE MISTERIO Y MARAVILLA. UN ÁTOMO CONTIENE EL COSMOS, UN PENSAMIENTO LO IMPREGNA TODO. ASÍ DIJO UN ANTIGUO:

"TIERRAS Y MUNDOS INFINITOS SIN DISTINCIONES ENTRE UNO MISMO Y LOS DEMÁS, DIEZ EDADES PASADAS Y PRESENTES NUNCA ESTÁN SEPARADAS DE ESTE MOMENTO DE PENSAMIENTO".

Shoitsu es poner los bueyes detrás del carro—por supuesto no habrá mucho progreso. Los bueyes tienen que estar delante del carro; las palabras, el lenguaje, tienen que ser una preparación primaria para la comprensión última de tu fuente de vida. Sólo hay un camino, y es el que apunta directamente a tu corazón. No hay caminos inferiores, ni caminos superiores; sólo hay un camino.

Está diciendo: "Probaremos la segunda vía, y si ni siquiera eso funciona, bajaremos aún más". Esto sucede porque está planteando las cosas al revés. Los bueyes tienen que ir delante del carro, y entonces todo va bien. El lenguaje, los conceptos, las palabras, todo tiene que ser usado para preparar el terreno para el vacío. Y sabes por tu experiencia aquí que funciona. Te estoy hablando, estoy utilizando palabras y conceptos; aun así se está creando un gran silencio dentro de ti.

Este silencio puede profundizarse mediante la meditación. Y cuando estás profundamente en meditación, en silencio, sólo como un testigo vigilante, el señalamiento directo del maestro puede ocurrir. No tengo que explicártelo porque pasas por el proceso todos los días.

Un poeta Zen, Kanzan escribió:

HABLAR DE COMIDA NO TE SACIARÁ, BALBUCEAR DE ROPA NO AHUYENTARÁ EL FRÍO.

UN CUENCO DE ARROZ ES LO QUE LLENA LA BARRIGA; HACE FALTA UN TRAJE PARA ENTRAR EN CALOR.

Y SIN EMBARGO, SIN PARARTE A CONSIDERAR ESTO, TE QUEJAS DE QUE BUDA ES DIFÍCIL DE ENCONTRAR.

¡GIRA TU MENTE HACIA DENTRO!

¡AQUÍ ESTÁ!

¿POR QUÉ BUSCARLO EN EL EXTRANJERO?

Este pequeño haiku dice mucho más que Shoitsu, y con claridad. Dos cosas:

HABLAR DE COMIDA NO TE SACIARÁ; PARLOTEAR DE ROPA NO TE MANTENDRÁ ALEJADO DEL FRÍO. UN CUENCO DE ARROZ ES LO QUE LLENA LA BARRIGA; HACE FALTA UN TRAJE PARA ENTRAR EN CALOR. Y SIN EMBARGO, SIN PARARTE A CONSIDERAR ESTO, TE QUEJAS DE QUE BUDA ES DIFÍCIL DE ENCONTRAR. ¡VUELVE TU MENTE HACIA DENTRO! ¿POR QUÉ BUSCARLO FUERA?

Llevas siglos buscándolo fuera, durante muchas muchas vidas. Es hora de dar una oportunidad a tu interioridad. Búscalo dentro, y lo que no has encontrado fuera, lo encontrarás, sin falta, dentro. Nadie en toda la historia de la conciencia ha dejado de encontrar al buda si ha mirado hacia dentro. Sin ninguna excepción, todos los que han mirado hacia dentro, han encontrado al buda. Tú no puedes ser una excepción. No puedes serlo, porque la vida misma en su pureza es el buda.

Pregunta 1:

Maneesha ha preguntado:

NUESTRO AMADO MAESTRO,

CUANDO FUNCIONAMOS DESDE LA PERIFERIA, CUANDO FUNCIONAMOS DESDE LA INCONSCIENCIA, PARECE QUE NUESTRA ENERGÍA QUEDA ATRAPADA DE ALGUNA MANERA Y POR ESO NUESTRA ENERGÍA MÁXIMA NO ESTÁ DISPONIBLE. ¿ES CIERTO QUE CUANDO FUNCIONAMOS DESDE NUESTRO VACÍO, PODRÍAMOS TENER ACCESO A UNA ENERGÍA ILIMITADA?

Maneesha, lo que preguntas es casi cierto. Sólo en un punto hay que recordarte—que cuando tu energía no está involucrada en nada... Tu última frase es: "podríamos tener acceso a energía ilimitada". Cuando tu energía no está involucrada en nada, no estarás allí. Así que la cuestión de tu acceso a la energía ilimitada no se plantea. Tú serás la energía última; no será algo que estará a tu disposición. Te habrás fusionado con ella, serás ella.

Nunca pienses en términos de separación. Es sólo una experiencia: tú y el cosmos convirtiéndose en uno. No hay necesidad... todo el cosmos eres tú, así que nunca pienses en términos de acceso, de logro. Esas palabras son erróneas. Son perfectamente utilizables en el mundo ordinario, en los asuntos del mundo ordinario, pero cuando entras, estás entrando en una dimensión diferente del ser en la que nunca has estado. Todas tus palabras te desafiarán.

Lo que experimentes no será posible expresarlo. Y finalmente no habrá nadie que lo exprese.

La experiencia última es cuando desapareces, cuando no hay nadie más que pura consciencia. No será tu consciencia o mi consciencia, será simplemente consciencia.

Antes de entrar en la meditación, hay que dar una oportunidad a Sardar Gurudayal Singh....

Popova, la ratona rusa, consigue un visado para visitar Occidente. Su amigo, el elefante Barbarov, se entera de la noticia y también quiere ir. Tras dudarlo un poco, Popova acepta llevarse a su amigo.

El ratoncito hornea una hermosa hogaza de pan francés, la parte por la mitad y coloca una mitad a cada lado del gran Barbarov.

En el aeropuerto de Moscú, los agentes de policía comprueban la documentación y el equipaje de Popova y la dejan pasar. Barbarov, el elefante, es detenido.

"¿Dónde están sus papeles?", pregunta un policía.

El ratón Popova se da la vuelta, muy cabreado. "¿Qué os pasa?", chilla en voz alta. "¿Ni siquiera puedo llevarme un bocadillo?".

Swami Jivan Joke está sentado con su novia, Ma Bliss-abyss, en la puerta trasera.

"¿No es maravilloso?", arrulla Bliss-abyss. "Es nuestro tercer aniversario juntos, ¡y todo es tan espiritual!".

"¿Lo es?", pregunta Jivan Joke, temblando y tratando de aprender a fumarse un beedie.

"¡Claro!", sonríe Bliss-abyss, guiñando un ojo a varios de sus nuevos novios. "Llevamos tres años juntos, y ahora estamos experimentando con el otro lado: ¡estar separados y libres!".

"¡Ah, eso!", dice Joke, moviéndose nerviosamente y tratando de mantenerse centrado.

"Sí", ríe Bliss-abyss, "¡y con toda esta nueva energía y todos estos nuevos amigos...!".

"¡Dios mío!" interrumpe Jivan Joke. "¿Estás ovulando otra vez?"

"¡No, tonto!", responde Bliss-abyss, "pero como esta noche es nuestro aniversario, ¿qué hacemos?".

"Bueno", dice Joke, cerrando los ojos y tratando de meditar. "Hagamos como hacen todos los que conozco... ¡vamos a celibatarnos!".

El general Jackass, ya retirado, pasea un día por la calle cuando ve a Donald Dixteen. Donald sirvió como ayuda de cámara del general durante la última guerra.

El general Jackass se alegra mucho de ver a Donald y, estrechándole la mano, le dice que está buscando a alguien que acepte el puesto de mayordomo personal.

"Tendrás exactamente las mismas obligaciones que tenías conmigo en el ejército", sonríe el general.

"Puedes empezar por despertarme mañana a las ocho".

Donald acepta el trabajo y, a la mañana siguiente, entra corriendo en la habitación del general y lo sacude hasta que se despierta.

Luego le da una palmada en el culo a la mujer del general y le grita: "¡Vale, nena! Aquí tienes tus veinte dólares, ¡es hora de irse a casa!".

Nivedano...

Nivedano... Guarda silencio, cierra los ojos, siente que el cuerpo se congela por completo.

Mira hacia dentro, lo más profundo posible, porque la fuente de la vida no está muy lejos. Está justo en tu corazón vacío. Una mirada absolutamente concentrada en tu ser, y habrás encontrado tu budeidad.

Tu misma fuente de vida es también la fuente de vida de todo el universo.

Cada vez más profundo, para que puedas recoger la experiencia interior y llevarla a tu vida cotidiana.

Poco a poco tu buda tiene que convertirse en tu propia expresión, en tu propio estilo de vida.

Nivedano...

Déjate llevar. Sólo sé un observador...

La mente está ahí, el cuerpo está ahí,

pero tú no eres el cuerpo

y tú no eres la mente.

Tú sólo eres el observador.

Este vigilante se llama el buda.

Observando, presenciando, en silencio tu corazón se vacía. Y el corazón vacío es el buda.

Deja que cale hondo, en cada fibra de tu ser. Este es el momento más precioso, cuando eres sólo un testigo y te rodea un tremendo silencio.

Es una velada estupenda y dichosa.

Tu reconocimiento de tu naturaleza búdica y tu reconocimiento de que eres uno con el todo...

Aquí no hay diez mil budas, sino una sola conciencia.

Nivedano...

Vuelve.

Pero no vuelvas por donde habías entrado; vuelve con más gracia, con más paz, más como un buda.

Siéntate unos instantes para recordar la experiencia, para recordar el espacio en el que te has adentrado, para recordar el camino que has seguido.

Lo que hayas experimentado en tu testimonio va a afectar y cambiar tus veinticuatro horas de vida.

A menos que la meditación se convierta en una revolución, una revolución de todo tu carácter, no es meditación.

La meditación te libera de ti mismo y te trae la cara nueva y original que hemos llamado el buda. Recuerda en tu día a día quién eres. Deja que tu interior afecte a tus actividades, tus gestos, tu lenguaje, tus relaciones.

¿De acuerdo, Maneesha?

Sí, amado Maestro.

¿Podemos celebrar los diez mil budas?

¡Sí!

El Buda: El vacío del corazón

Veinticuatro horas al día

Nuestro amado maestro, Daikaku dijo:

La práctica Zen no consiste en aclarar las distinciones conceptuales, sino en deshacerse de las propias opiniones y nociones preconcebidas, de los textos sagrados y de todo lo demás, y atravesar las capas que cubren el manantial del yo que hay tras ellas.

Todos los santos se han vuelto hacia dentro y han buscado en el yo, y con esto, han ido más allá de toda duda.

Volverse hacia el interior significa, durante las veinticuatro horas y en cualquier situación, atravesar, una a una, las capas que recubren el yo, cada vez más profundamente, hasta llegar a un lugar indescriptible. Es cuando el pensamiento llega a su fin y cesa el hacer distinciones, cuando las opiniones e ideas erróneas desaparecen por sí mismas sin tener que ser impulsadas; cuando, sin ser buscadas, la verdadera acción y el verdadero impulso aparecen por sí mismos. Es cuando uno puede saber cuál es la verdad del corazón.

El hombre resuelto en el camino no debe, desde el principio, perderlo nunca de vista, ya

SEA EN UN LUGAR DE CALMA O EN UN LUGAR DE CONTIENDA, Y NO DEBE AFERRARSE A LOS LUGARES TRANQUILOS Y REHUIR AQUELLOS DONDE HAY DISTURBIOS.

SI INTENTA REFUGIARSE DE LOS PROBLEMAS HUYENDO A ALGÚN LUGAR TRANQUILO, CAERÁ EN REGIONES OSCURAS.

SI, CUANDO TRATA DE DESHACERSE DE LAS ILUSIONES Y DESCUBRIR LA VERDAD, TODO ES UN TORBELLINO DE POSIBILIDADES, DEBE CORTAR LOS MIL IMPULSOS Y AVANZAR DIRECTAMENTE, SIN PENSAR EN ABSOLUTO EN EL BIEN O EN EL MAL. SIN ODIAR LAS PASIONES, DEBE SIMPLEMENTE HACER PURO SU CORAZÓN.

Maneesha, el Zen puede decir cosas que ninguna otra religión es capaz de decir. El Zen es una flor rara.

Todas las demás religiones están supeditadas a los intereses creados, al pasado, a la sociedad, al Estado. El Zen es una excepción. Mi amor por él no es gratuito. Es la única aproximación revolucionaria a la realidad última, y un hombre como Daikaku es un maestro perfectamente representativo. Tienes que escuchar cada una de sus palabras como si me estuvieras escuchando a mí.

DAIKAKU DIJO:

LA PRÁCTICA ZEN NO ES ACLARAR LAS DISTINCIONES CONCEPTUALES...

Todo el mundo teológico y todo el mundo filosófico se ocupan únicamente de aclarar las distinciones conceptuales: qué es qué. Nunca van más allá de la mente conceptual. Desde el punto de vista del Zen, lo que hacen no sólo es infantil, sino también estúpido. Un niño puede crecer, pero la estupidez sólo se hace más y más y más espesa.

Todas las religiones han servido a los políticos, a los emperadores, a los asesinos, a los criminales.

Puede que no seas consciente de ello, pero tienes que serlo. El Papa en la segunda guerra mundial bendijo a Mussolini, que era fascista, para que saliera victorioso. Rezó a Dios para que Benito Mussolini fuera el vencedor. Ahora es extraño, el arzobispo de Inglaterra también rezaba al mismo Dios—ambos son cristianos—pero Italia e Inglaterra estaban en guerra. Incluso Adolf Hitler fue bendecido y recibió las oraciones tanto de la religión católica como de la protestante. Sus sumos sacerdotes rezaron a Dios para que le hiciera vencedor.

¡Ahora, Dios debe haber estado en problemas para decidir! Todos los bandos rezaban al mismo Dios, al mismo Dios cristiano. Todos adoraban la misma Biblia cristiana. Pero esta extraña situación demuestra por completo que su religión no es más que una sirvienta del Estado: puede incluso rezar para que Adolf Hitler se convierta en el vencedor del mundo. No importa por quién reza la religión; siempre ha sido favorable a los que tienen poder y riquezas.

El Zen es excepcional en todos los sentidos. Japón también estaba en guerra, pero ni un solo maestro zen bendijo al emperador de Japón para que fuera el conquistador.

El emperador de Japón había ido a recibir las bendiciones de un maestro zen y se preguntaba cómo pedírselas. Primero intentó persuadir al maestro para que acudiera a su corte. El maestro se negó. Dijo: "Aunque Dios me llame a su corte, me negaré. Soy perfectamente feliz donde estoy. Si quieres verme, tienes que venir. El sediento tiene que venir al pozo". Una respuesta clara....

Finalmente, el emperador tuvo que ceder, a regañadientes, y se marchó con toda su corte siguiéndole. Sin encontrar una palabra -¿qué decir?—preguntó: "Siempre me he preguntado: ¿qué es el infierno y qué es el cielo?".

El maestro dijo: "¡Idiota!". No creo que ningún emperador haya recibido jamás una bienvenida así. Un pobre monje que no tiene posesiones, nada excepto a sí mismo... pero tener a sí mismo le da tal autoridad que puede decirle al emperador: "¡Eres un idiota!". El emperador se puso furioso. Esto era demasiado. Sacó su espada e iba a cortar la cabeza del maestro.

El maestro dijo: "Espera un poco... esta es la puerta del infierno".

El emperador reflexionó un momento. Le habían dado la respuesta: ira, violencia, destructividad. Retiró la espada y el maestro dijo: "Ésta es la puerta del cielo. ¿Quieres hacer más preguntas?".

El emperador dijo: "Estoy satisfecho". No alcanzó a pedir: "Bendíceme, que yo sea el vencedor en la gran guerra mundial". Sólo con estar en presencia del maestro, la sola idea parecía estúpida.

El Zen nunca ha sido en modo alguno lo que Karl Marx llama el opio del pueblo. Es lamentable que un genio como Karl Marx no tuviera ni idea del Zen. Sólo conocía, en nombre de la religión, el cristianismo, que es la peor religión del mundo. No conocía los vuelos de Gautam Buda, de Mahakashyap, de Nansen, de Tozan. Desconocía por completo Oriente, y la religión es una aportación oriental al mundo. En Extremo Oriente, en Japón, ha llegado a florecer en su totalidad.

Daikaku es uno de esos maestros que han llegado a su plenitud, a su realización. Basta con escuchar lo que dice:

LA PRÁCTICA ZEN NO CONSISTE EN ACLARAR LAS DISTINCIONES CONCEPTUALES, SINO EN DESHACERSE DE LAS PROPIAS OPINIONES Y NOCIONES PRECONCEBIDAS, DE LOS TEXTOS SAGRADOS Y DE TODO LO DEMÁS, Y ATRAVESAR LAS CAPAS QUE CUBREN EL MANANTIAL DEL YO QUE HAY TRAS ELLAS.

Daikaku es famoso por quemar todas las escrituras que pertenecían al monasterio del que se había convertido en jefe, en sucesor. Quemó todas las escrituras e impidió que mil discípulos del monasterio las leyeran, diciendo: "Esto no es una universidad, no estáis aquí para estudiar algo. Estáis aquí para transformaros, para buscaros a vosotros mismos; y eso no es posible a través de las escrituras. Tirad todas estas escrituras, las santas y las profanas, las dos juntas".

Fue muy impactante cuando Daikaku lo hizo. Conmocionó a casi todo el mundo budista.

Pero Daikaku era un hombre con la misma fuerza y el mismo poder que Bodhidharma o Mahakashyap. No le importaba lo que dijera el mundo, sabía lo que hacía. La única manera de llegar a ti mismo es desechar todas tus ideas preconcebidas, todos tus prejuicios, todas tus escrituras, todas tus nociones religiosas. Cualquier cosa relacionada con el yo que haya sido concebida a través de la mente tiene que ser desechada, limpiada por completo.

Ninguna escritura puede darte la experiencia de tu ser. En realidad son los estorbos... el manantial de tu vida está cubierto por esas capas de prejuicios y concepciones. A menos que las deseches, ya sea la Biblia o el Shrimad Bhagavadgita o el sagrado Corán o el Dhammapada... no importa lo que sea. Lo que sea que esté cubriendo el manantial de tu vida, tíralo sin dudarlo ni un momento. Porque todo lo prestado no es más que polvo, capas y capas de polvo, y tú estás cubierto de ese polvo.

TODOS LOS SANTOS SE HAN VUELTO HACIA DENTRO Y HAN BUSCADO EN EL YO, Y CON ESTO, HAN IDO MÁS ALLÁ DE TODA DUDA.

Está diciendo: "No soy sólo yo, sino que todos los budas han hecho lo mismo. Todos ellos han quemado todo el contenido de la mente y han despejado el espacio para que los manantiales de la vida puedan fluir directamente y puedas conocer por primera vez tu propia eternidad, tu propio esplendor."

Es una paradoja decirlo, pero es un hecho que toda tu enseñanza religiosa es una barrera para que te vuelvas religioso. Saber cualquier cosa sobre Dios a través de otros es peligroso. Te impedirá conocer la existencia directamente, y te conformarás con un conocimiento barato.

Toda la revolución del Zen es: no te conformes con el conocimiento barato; apuesta por la experiencia costosa.

Y todo lo que obstaculice el camino, tíralo. Gautam Buda ha llegado a decir: "Si entro en tus meditaciones, ¡córtame la cabeza inmediatamente! No se debe permitir que nadie obstaculice tu progreso". Estos eran verdaderos leones. La humanidad puede estar orgullosa de estas personas que no deseaban esclavizaros, como católicos, como hindúes, como mahometanos; cuyo único esfuerzo era liberaros de todos los "ismos", de todas las iglesias, y ayudaros a penetrar en vuestra propia realidad. Esa es la única verdad, el único espacio sagrado.

PARA GIRAR DENTRO DE LOS MEDIOS TODAS LAS VEINTICUATRO HORAS,
Y EN CADA SITUACIÓN, PERFORAR, UNO POR UNO,
A TRAVÉS DE LAS CAPAS QUE CUBREN EL YO,
CADA VEZ MÁS PROFUNDO,
A UN LUGAR QUE NO SE PUEDE DESCRIBIR.
ES CUANDO EL PENSAMIENTO LLEGA A SU FIN
Y DEJA DE HACER DISTINCIONES,
CUANDO LAS OPINIONES E IDEAS ERRÓNEAS DESAPARECEN POR SÍ SOLAS
SIN TENER QUE SER EXPULSADO;
CUANDO, SIN SER BUSCADO,
LA VERDADERA ACCIÓN Y EL VERDADERO IMPULSO APARECEN POR SÍ MISMOS.
ES CUANDO SE PUEDE SABER CUÁL ES LA VERDAD DEL CORAZÓN.

En estas pocas afirmaciones ha cubierto todo el viaje de la falsedad a la verdad, de la oscuridad a la luz, de la muerte a la inmortalidad. Lo que ha dicho puede ser condensado, para que puedas recordarlo no como conocimiento, sino sólo como un dedo indicando la luna—sólo unos pocos indicios para tu propio viaje interior.

Lo primero es, veinticuatro horas al día, recordar lo que encuentres en tus meditaciones. Te olvidarás una y otra vez, pero las lagunas de olvido serán cada vez menores y la duración del recuerdo cada vez mayor. Con el tiempo, las lagunas del olvido desaparecerán. Llega un momento en que eres un círculo entero de recuerdo, veinticuatro horas. Incluso cuando duermes sabes que eres un buda.

Una pequeña historia se lo explicará....

Ananda, discípulo muy íntimo de Buda, estuvo casi cuarenta y dos años sirviendo continuamente a Buda, día y noche, verano e invierno. Una noche, cuando Buda iba a acostarse, Ananda dijo: "Generalmente no hago ninguna pregunta, porque cada pregunta que podría hacer, otros la hacen. Y yo siempre estoy aquí, así que escucho la respuesta. Sé que cualquier pregunta que tengo va a ser formulada por alguien; en estos años esto se ha convertido en mi experiencia. Pero hay una pregunta que no creo que nadie me haga. Es muy situacional".

Buda dijo: "Puedes preguntar".

"La cuestión", dijo, "no es muy grande. Pero lleva años preocupándome".

Buda dijo: "Podrías haber preguntado en cualquier momento".

Ananda dijo: "Nunca he querido molestarte. Todo el día estás trabajando con la gente, y por la noche estás a solas conmigo. La cuestión es que llevo veinte años observándote continuamente... incluso por la noche me levanto una o dos veces para echarte un vistazo y ver si estás bien. Lo que me ha estado desconcertando es que mantienes la misma postura toda la noche. No cambias de lado, ni siquiera mueves la pierna. ¿Duermes o permaneces despierto?".

Buda dijo: "Mi cuerpo duerme; duerme muy profundamente. Pero en lo que a mí respecta, sólo soy conciencia pura. Así que habiendo encontrado la posición correcta, la que es más cómoda, no la he cambiado en veinte años. Y no la cambiaré hasta mi último aliento".

Murió en la misma postura. Gracias a Buda, esta postura se conoce como la Postura del León. Durante los cuarenta y dos años posteriores a su iluminación, su día y su noche fueron una continuidad de conciencia.

Eso es lo que dice Daikaku:

PARA GIRAR DENTRO DE LOS MEDIOS TODAS LAS VEINTICUATRO HORAS...

Sigue girando. Siempre que encuentres un momento para volverte, vuélvete. Y girar hacia dentro es un acto tan sencillo que no se necesita la ayuda de nadie. No se necesita una escalera, no hay que abrir ninguna puerta.

Sólo tienes que cerrar los ojos y mirar hacia dentro. Sentado en un autobús, viajando en tren... puedes hacerlo en cualquier momento, y poco a poco ni siquiera necesitas cerrar los ojos. El recuerdo simplemente permanece, por sí mismo.

Eso es lo que dice Daikaku:

ES MÁS BELLO CUANDO, SIN SER BUSCADOS, LA VERDADERA ACCIÓN Y EL VERDADERO IMPULSO APARECEN POR SÍ MISMOS. ES CUANDO SE PUEDE SABER CUÁL ES LA VERDAD DEL CORAZÓN.

¿Cuál es la verdad sobre el corazón? La visión común y corriente del corazón es que es la fuente de emociones como el amor, el odio o la ira. Al igual que la mente es la fuente de los pensamientos conceptuales, el corazón es la fuente de todo lo emocional y sentimental. Ésa es la visión del sentido común.

Pero cuando Buda dice "el corazón" se refiere al centro mismo de tu ser. Entiende que tu amor, tu odio, todo, surge de tu mente. Y creo que está siendo absolutamente científico; todos los psicólogos estarán de acuerdo con él.

Puedes experimentar por ti mismo. Puedes ver de dónde surge tu ira: es la mente; de dónde surgen tus emociones: es la mente. La mente es un gran fenómeno; abarca el pensamiento conceptual, abarca tus patrones emocionales, tus sentimientos. Para Buda, la mente contiene todo lo que surge en ti, y el corazón es aquello que siempre está en silencio, vacío y observando.

¿Cuál es LA VERDAD DEL CORAZÓN?—Silencio y vigilancia.

EL HOMBRE RESUELTO EN EL CAMINO NO DEBE, DESDE EL PRINCIPIO, PERDERLO NUNCA DE VISTA...

Desde el principio hay que recordar que buscamos un lugar, un espacio, donde no surja nada: ni polvo, ni humo; donde todo sea puro y limpio, completamente vacío, sólo amplitud. Hay que tener claro desde el principio lo que buscamos.

... NO DEBE PERDERLA NUNCA DE VISTA, YA SEA EN UN LUGAR DE CALMA O EN UN LUGAR DE CONTIENDA, Y NO DEBE AFERRARSE A LOS LUGARES TRANQUILOS Y REHUIR AQUELLOS DONDE HAY DISTURBIOS.

El Zen no está en contra del mundo. Esa es una más de sus actitudes rebeldes contra todas las religiones. Todas las religiones condenan de alguna manera al mundo. Todas las religiones alaban a los que han renunciado al mundo, a los que se han alejado de él, renunciando a la mujer, a los hijos, al hogar.

Alguien tiene que hacer algún día una investigación profunda sobre cuántos millones de personas han abandonado el mundo en nombre de la religión y han hecho sufrir a niños pequeños, padres ancianos, esposas y maridos; que han perturbado la vida de muchos en nombre de la religión. ¿Y crees que esta gente ha encontrado algo? Simplemente han creado muchas prostitutas, muchos orfanatos, muchos pobres ancianos, muriendo sin comida ni medicinas. ¿Y qué han ganado? Ni uno solo de ellos ha alcanzado la budeidad.

El Zen es muy claro y directo en todo. No se trata de renunciar al mundo; se trata de renunciar a tu mente.

Vayas donde vayas, tu mente irá contigo. Tu conocimiento irá contigo, tus prejuicios irán contigo, tus escrituras irán contigo. Tu idea de que eres hindú o mahometano irá contigo. Entonces, ¿a qué estás renunciando?

El Zen no quiere que renuncies al mundo, sino que renuncies a la mente, para que puedas encontrar el corazón vacío. El corazón vacío es tu pureza, tu virginidad. Este corazón vacío abre la puerta a lo universal y a lo eterno.

Daikaku está diciendo que la gente normalmente hace una cosa: dondequiera que haya lucha o algún disturbio, evitan ese lugar. Estas son las personas que han renunciado al mundo porque estar en el mundo es una tarea difícil, a cada momento hay alguna dificultad. Son escapistas.

De una vez por todas debe quedar claro que el futuro de la religión no puede depender de los escapistas. El auténtico hombre religioso vivirá en el mundo sin dejarse perturbar por todo tipo de perturbaciones. Será simplemente un observador, imperturbable. De hecho, el mundo es un buen lugar porque te da la oportunidad de poner a prueba tu silencio, tu meditación y tu vigilancia. Estate en el mundo pero no seas de él. Está en el mundo, pero no dejes que el mundo esté en ti.

La mente ordinaria piensa que es bueno estar tranquilo y en paz; allí se puede meditar. Así que la gente ha ido al Himalaya a meditar. Y lo que meditan, te sorprenderá: ¡meditan más sobre el mundo que han dejado atrás! Porque todo lo que han dejado atrás a la fuerza, les sigue en sus mentes.

He oído dos historias. Una es sobre un multimillonario americano. Se cansó del dinero, se cansó de las mujeres, se cansó de las drogas. Finalmente pensó: "Tengo que ir al Himalaya, a buscar un auténtico maestro que me muestre el camino hacia la paz". Viajó al Himalaya y preguntó: "¿Alguien conoce a un maestro auténtico?". La gente respondió: "Sí, hay un hombre cerca de Mansarovar", el lago más alto del mundo, en la cima del Himalaya. "Lleva allí quizás sesenta años o más, nadie lo recuerda; siempre hemos sabido que estaba allí. Es el único hombre allí".

Incluso los cisnes que viven en Mansarovar lo abandonan durante tres meses y bajan a las llanuras, porque durante esos meses el lago está completamente helado. Se puede caminar sobre él, se puede pasar en coche; es como roca sólida. La gente dijo: "Pero ni siquiera en esos meses ese hombre abandona el lugar. Evidentemente, debe de haber encontrado la verdad; de lo contrario, ¿por qué habría de permanecer allí sesenta años en condiciones tan arduas?".

El multimillonario no se desanimó; al contrario, se convirtió en un reto. Era un hombre que había luchado contra muchos retos en su vida. Nació pobre y se hizo multimillonario a base de esfuerzo y lucha. Así que luchó; fue una tarea difícil llegar hasta allí, porque no hay autobuses que lleguen hasta allí, no hay carreteras que lleguen hasta allí. Tuvo que encontrar su camino simplemente mirando el mapa y adentrándose en lo desconocido .

Finalmente, encontró a un anciano, un hombre muy viejo. Pensó que si Dios existía, debía de parecerse a él. Estaba muy contento, aunque cansado y andrajoso. Se echó a los pies del anciano y le dijo: "Vengo de América. Soy un hombre súper rico, pero estoy cansado del mundo; he renunciado a todo".

El anciano le miró y le dijo: "Estos asuntos los discutiremos más adelante. ¿Llevas un cigarrillo encima? Sesenta años y ni un solo idiota ha venido aquí con un cigarrillo".

El multimillonario se quedó muy sorprendido, pero le dio su paquete entero, y un mechero, y el anciano le dijo: "Es usted una persona muy religiosa".

"Pero", dijo el multimillonario, "¿qué voy a hacer ahora?".

Me dijo: "Vuelve. Y cuando vuelvas, trae tantos cigarrillos como puedas".

Dijo: "¡Esto es extraño! Había venido aquí para la iluminación..."

El anciano dijo: "Haz lo que te he dicho. Sólo de esta manera—volviendo y viniendo otra vez, volviendo y viniendo otra vez—te iluminarás".

Miserablemente, se marchó. Nadie ha vuelto a saber que regresó. Pero este hombre, durante sesenta años, había estado esperando un cigarrillo.

La segunda historia es ciertamente ficción. La que acabo de contarles puede ser cierta. La segunda es que cuando Edmund Hillary llegó al Everest se sorprendió al ver allí a un sannyasin hindú en cuclillas. Dijo: "¡Dios mío! Pensábamos que nadie había llegado nunca hasta aquí. ¿Cómo lo has conseguido?"

Me dijo: "Vengo aquí todos los días. Es una especie de retrete para mí. Vivo muy cerca. Pero estas cosas las podemos discutir más adelante... ¿Cuánto por tu reloj? Porque aquí es tan difícil saber qué hora es...".

Estas personas que han escapado del mundo, ¿crees que están pensando en otra cosa? Piensan más en el mundo que tú, porque tú no tienes que pensar... ¡está ahí! Estos pobres hombres tienen que pensar en miles de cosas que no existen. La mente siempre desea lo que no existe. Lo que está contigo, la mente simplemente lo acepta; no hay necesidad de pensar en ello.

Entre la humanidad ha prevalecido esta concepción ordinaria de que uno debe ir a un lugar tranquilo para meditar, y alejarse de los lugares que están llenos de luchas, peleas y conflictos. Pero el Zen tiene una actitud totalmente diferente, y más psicológica. No hay necesidad de abandonar el mundo. El mundo es un lugar perfectamente bueno, como una prueba de fuego. Lo que hace falta es entrar, no salir.

Y puedes entrar en cualquier parte del mundo, ya sea en el Himalaya o en la carretera M. G.

Puedes iluminarte incluso con una bicicleta alquilada. No importa que sea alquilada. He oído hablar de personas que se han iluminado incluso con bicicletas robadas, porque iluminarse no tiene nada que ver con las bicicletas.

Daikaku dice:

SI INTENTA REFUGIARSE DE LOS PROBLEMAS HUYENDO A ALGÚN LUGAR TRANQUILO, CAERÁ EN REGIONES OSCURAS.

Ninguna otra religión ha dicho eso. Y yo lo autentifico: La persona que escapa de los problemas cae ciertamente en un espacio muy oscuro, porque su mismo comienzo es erróneo. Se aleja del problema. Debería haber permanecido en el problema, sin problemas - eso habría sido una ganancia. Pero ha escapado de él, y cuando no hay lucha, ni problemas, ni conflictos .... Sentado en algún lugar del Himalaya, el silencio que te rodea es del Himalaya, no tuyo. Eso no te ayudará. Tienes que encontrar tu propio Himalaya interior.

SI, CUANDO INTENTA DESPRENDERSE DE LAS ILUSIONES Y DESCUBRIR LA VERDAD,

TODO ES UN TORBELLINO DE POSIBILIDADES,

DEBE CORTAR LOS MIL IMPULSOS Y SEGUIR RECTO,

SIN PENSAR EN LO BUENO O LO MALO.

Puedes ver la rebeldía del Zen. A todas las religiones les preocupa que seas bueno, que no seas malo, que seas respetable, que no te condene la sociedad. No debes perder tu buena reputación aunque tengas que ser un hipócrita. Simplemente sé bueno, aunque el bien no surja por sí mismo, sino que tú lo estás forzando.

Es la grandeza de Zen.... No tengas ningún pensamiento sobre el bien o el mal. Sé absolutamente un testigo, y mientras seas sólo un testigo, cualquier cosa que ocurra a través de ti está destinada a ser buena. El mundo entero puede condenarlo; no importa. Sólo tienes que escuchar a tu propio corazón. Si tu corazón te dice "sí, adelante", entonces sigue adelante. Aunque vaya en contra de toda moral, de todas las doctrinas, de todas las religiones, no importa. No debe ir en contra de tu simple e inocente corazón. El único criterio es que sea espontáneo. La espontaneidad es buena; la no espontaneidad es hipocresía.

NO ODIAR LAS PASIONES, SIMPLEMENTE DEBE HACER QUE SU CORAZÓN SEA PURO.

En cada punto el Zen difiere de todas las demás religiones, y en cada punto el Zen tiene razón. No te dice: "Lucha contra tus pasiones, abandona tus pasiones. A menos que abandones todos tus deseos, pasiones, anhelos, no podrás alcanzar la verdad". La realidad es justo al revés. Si entras en esta lucha de dejar caer las pasiones, nunca ganarás. No te dejes molestar por las pasiones, por los deseos. Encuentra el corazón vacío y su pureza y descubrirás que todas las pasiones, todos los deseos se transforman.

La gente siempre empieza por el extremo equivocado. Y hay una razón por la que empiezan por el extremo equivocado. El extremo equivocado parece ser racional. Por ejemplo, ven en Gautam Buda una gran compasión. Esta compasión surge espontáneamente, pero no conocen el corazón vacío del Buda, de donde surge esta compasión. Pueden ver sus actos compasivos, y deducen lógicamente la conclusión de que si realizas actos compasivos te convertirás en un buda.

La ley, el dhamma, no funciona así. En primer lugar, no puedes abandonar las pasiones. Puedes luchar, puedes pelear, puedes sufrir y puedes torturarte.

Puedes reprimir, puedes convertirte en un pervertido—como todos los monjes de todas las religiones se han convertido en pervertidos, psicológicamente enfermos, porque han estado luchando contra la naturaleza.

Nadie puede ganar contra la naturaleza. Pero hacen algo "racional". Les parece que siendo compasivos... Y su compasión será falsa, falsa. Sabes cuando tu sonrisa está sólo en los labios, una sonrisa de lápiz labial, no tiene raíces en ninguna parte interior. Sólo está en los labios.

He oído hablar de un político en América. En América, los políticos en una elección van de casa en casa, besando a bebés pequeños. En un pequeño parque había al menos dos docenas de bebés con una mujer. El político pensó: "¡Dios mío!". Y todos aquellos bebés estaban sucios, malolientes, con la nariz goteando, y tuvo que besarlos a todos para convencer a la mujer de que él era el candidato adecuado. Entonces le dijo a la mujer: "Recuerda, este es mi nombre y me presento a presidente".

Ella dijo: "Lo recordaré. Eres tan amable".

Entonces le preguntó a la mujer: "Sólo me surge una duda: ¿todos estos niños son tuyos?".

Ella respondió: "No, ni una sola".

El político dijo: "¿Ni uno solo? ¿Qué hacéis aquí?"

Me dijo: "Sólo les estoy echando un ojo. Sus madres han ido a una conferencia".

Me dijo: "¡Vete a la mierda, fideo! ¿Por qué no me lo dijiste antes? Tuve que besar a todos estos mocosos—parecen todos italianos, llenos de espaguetis—¡y no me lo impediste!". Todos esos besos eran sólo políticos, diplomáticos.

A menos que tu vida surja de tu espontaneidad, de tu corazón vacío, será sólo superficial. Y con lo superficial no puedes ser dichoso; con lo superficial vas a seguir siendo miserable. Sólo con la verdad hay el comienzo de un tipo diferente de vida—de alegría, de dicha, de danza. Entonces todo tu ser está lleno de canciones.

Entonces todas tus acciones son poéticas. Entonces tu propia presencia tiene una gracia, una belleza que no es del cuerpo. Irradia del cuerpo, pero procede de las fuentes profundas de tu propio corazón vacío.

Tras su iluminación, un monje zen escribió:

TÚ, ANTE MÍ DE PIE,

¡OH, MI YO ETERNO!

DESDE MI PRIMER VISTAZO

HAS SIDO MI AMOR SECRETO.

En el momento de la muerte no puedes pensar en qué película están dando en un determinado cine. Cuando la muerte está ante ti, no puedes pensar en otra cosa. El monje zen dice en este pequeño haiku:

TÚ, ANTE MÍ DE PIE, ¡OH, MI YO ETERNO!

En el espejo de la muerte ha visto su rostro original. Todas las cosas son abandonadas, todas las preocupaciones son abandonadas.

DESDE MI PRIMERA MIRADA HAS SIDO MI AMOR SECRETO.

Todos buscáis un amor secreto. Y todos intentan encontrarlo en otra persona.

De ahí la frustración de todos los amantes, excepto de aquellos a los que nunca se les permite encontrarse. Sólo aquellos a los que nunca se les permite encontrarse son recordados, durante siglos, por su gran amor.

En Oriente conocemos a Shiri y Farhad, Laila y Majnu. Como sus padres y la sociedad nunca les permitieron conocerse, se han convertido en el símbolo de los grandes amantes.

Pero es extraño: nunca se les permitió ni siquiera encontrarse, y se han convertido en los símbolos del gran amor. ¿Y qué ha pasado con los millones de amantes a los que se les ha permitido? Ni uno solo de ellos ha demostrado ser un gran amante. Todos son sencillamente pésimos.

Toda relación amorosa es un fracaso, sin excepción. Puede que lo aceptes, puede que no. Uno intenta ocultarlo todo lo posible, pero todo el mundo sabe lo que hace.

Tu frustración es inevitable. Tu verdadero amor es por el yo eterno, oculto tras el telón, y nunca miras tras el telón. Sólo estás jugando en el escenario y engañando.

El gran amor de todos es conocer el secreto de la vida eterna e inmortal. No se puede encontrar en otra persona. Cuando te encuentras en la playa parece—y para todos es la misma historia—"esta mujer—o este hombre—está hecho para mí". Nadie está hecho para nadie; cada uno está hecho para sí mismo.

No sois una especie de piezas manufacturadas, hechas para encajar unas con otras. Cuando no encajáis, empieza la tragedia. Antes de eso todo va bien. La verdadera prueba es después de la luna de miel. Después de la luna de miel, los amantes ya no se miran a los ojos. El marido sigue leyendo el mismo periódico para evitar a la mujer....

Un hombre le decía a su amigo en el bar: "¿Por qué te quedas siempre callado? No dices nada".

Dijo: "Todo el mérito es de mi mujer. Ella habla y yo escucho. No le gusta que la interrumpan. Así que tras años escuchando sin interrumpir, se ha convertido en un hábito.

Esté donde esté, aunque no esté mi mujer, me siento en silencio".

El fracaso del amor en el mundo muestra un hecho significativo: tal vez nuestro amor esté buscando algo más, y como no lo encontramos en nuestros supuestos amantes, surge la frustración.

Nadie es responsable, es sólo que nuestra dirección es errónea. El verdadero amante está dentro de ti.

El amante eterno está dentro de ti. Una vez que lo has encontrado, estás absolutamente satisfecho contigo mismo. No necesitas a nadie porque ya no estás incompleto.

Sólo un buda está realizado.

Pregunta 1:

Maneesha ha preguntado:

NUESTRO AMADO MAESTRO,

¿QUÉ ES LA SABIDURÍA DEL CORAZÓN?

Maneesha, el sentido común conlleva muchos fragmentos de verdad, pero nunca están completos.

En todo el mundo se oye por todas partes: "la sabiduría del corazón". Pero la verdad es que la sabiduría no surge del corazón, sino del vacío del corazón. Pero eso sólo lo saben los que han llegado a lo más profundo del ser.

Pero el sentido común es portador de fragmentos de conocimiento. Sabe que las personas compasivas, las personas de corazón, tienen una cierta sabiduría que no es conocimiento, una cierta perspicacia, una cierta intuición que no se puede enseñar. Pueden ver cosas, sentir cosas.

Son sensibles a cosas que no están al alcance de la mente. Así que la gente empieza a pensar que hay posibilidades de que el corazón tenga sabiduría.

Pero no saben que el corazón es tu vacío. Y de tu vacío surge una claridad, una transparencia que puede ver cosas que no puedes inferir intelectualmente. Esto es sabiduría.

Para completarlo, Maneesha, hay que decir: "la sabiduría del corazón vacío". El corazón, como lo conoce el fisiólogo, es sólo un sistema de bombeo de sangre. De sus latidos no puede surgir ninguna sabiduría. ¿Has sentido alguna vez alguna sabiduría surgiendo de los latidos de tu corazón? ¿Algún médico ha oído alguna vez algo de sabiduría mientras comprobaba tus latidos a través de su estetoscopio?

Este corazón no es al que nos referimos cuando hablamos del vacío del corazón.

En realidad, estamos hablando de desechar todo el contenido de la mente. Entonces, la no-mente misma se convierte en tu corazón. No es algo fisiológico. Es tu no-mente—sin prejuicios, sin conocimiento, sin contenido. Sólo pureza, simple silencio, y la no-mente puede ser llamada el corazón vacío. Es sólo una cuestión de expresión. Puedes elegir lo que quieras: la sabiduría del corazón vacío o la sabiduría de la no-mente, son equivalentes.

Cuando estás en meditación profunda, sientes una gran serenidad, una alegría que te es desconocida, una vigilancia que es un nuevo huésped. Pronto esta vigilancia se convertirá en el anfitrión. El día que la vigilancia se convierta en huésped, permanecerá veinticuatro horas contigo. Y a partir de esta vigilancia, todo lo que hagas tendrá sabiduría. Todo lo que haces muestra una claridad, una pureza, una espontaneidad, una gracia.

Una historia de Mulla Nasruddin....

Nació en Irán, y en Irán sigue estando su tumba. Una tumba extraña, única en todo el mundo. Hay millones de tumbas, pero ninguna como la de Mulla Nasruddin. Sobre la tumba hay una puerta cerrada con un gran candado. Y la cerradura... Mulla Nasruddin antes de morir hizo todos los arreglos. "Pon la llave conmigo dentro de la tumba, para que nadie pueda abrir la puerta." Incluso el emperador vino a ver—"¡Qué tontería está pasando! Y este hombre es considerado un sabio, por supuesto un poco excéntrico, pero amado por todos."

El emperador preguntó a los discípulos de Nasruddin: "¿Qué ocurre?".

Dijeron: "No es nueva. Solía llevar esta puerta a todas partes. Le preguntamos: '¿Qué ocurre? Dijo: 'Si llevo la puerta conmigo, nadie podrá entrar en mi casa'. Obviamente, todo el mundo entra en casa por la puerta. Por eso, para proteger la casa, llevo la puerta conmigo'. Y antes de morir dijo: 'Fija esa puerta en mi tumba, ciérrala y lleva la llave conmigo. Cuando quiera puedo abrir la puerta y tomar un poco de aire fresco'". El emperador dijo: "Tonterías".

Pero al emperador también le gustaba el hombre. El discípulo principal dijo: "Hay algo en él. Está diciendo: No pienses que mi muerte es mi muerte. Estáis poniendo mi cuerpo en la tumba, pero yo sigo vivo. Mi vida es eterna".

Pero siempre estuvo loco. Para hacer esta afirmación, que la vida es eterna, ha puesto esta puerta: "En cualquier momento, si quiero salir, al menos tengo la llave y no tengo que pedir permiso a nadie. Puedo abrir la puerta, dar un pequeño paseo o disfrutar por la ciudad.

Tú no me verás, pero yo te veré".

Mulla Nasruddin fue enviado una vez por el emperador de Irán con grandes regalos al emperador de la India. Y Nasruddin elogió al emperador de la India como a la luna llena. El rumor llegó a Irán—había enemigos de Nasruddin, y dijeron: "No habéis elegido a la persona adecuada para llevar el mensaje. Ha alabado al emperador de la India como a la luna llena".

El emperador dijo: "Que vuelva. Tendrá que responder; si no, perderá la cabeza".

Nasruddin regresó. El emperador de la India estaba muy impresionado por él y le había hecho muchos regalos. El emperador de Irán se enfadó mucho y le dijo: "¡Nasruddin, tu vida corre peligro!".

Nasruddin dijo: "La vida de todos está siempre en peligro. ¿Crees que tu vida no corre peligro?".

El emperador dijo: "No discutas de filosofía, tienes que responder. Has llamado al emperador indio 'luna llena'. Es insultante para mí".

Nasruddin dijo: "Eres un idiota; no entiendes el significado. Tú eres la luna creciente, la luna del primer día, que es sólo un pequeño arco, permanece unos instantes y desaparece. La luna llena significa que han llegado los días del ocaso. Ese emperador indio era un idiota. Pensó que le estaba elogiando, pero simplemente le estaba declarando que 'Su tiempo ha llegado. Ahora ya no hay crecimiento, sólo declive'. Y tú eres un idiota por enfadarte. Eres la luna creciente... tienes que expandirte, conquistar. Tienes tiempo suficiente para convertirte en luna llena".

El emperador quedó muy impresionado por la interpretación. Los enemigos de Nasruddin estaban simplemente asombrados. Nunca habían pensado que él daría esta interpretación. Nadie había pensado en ello; todos pensaban que había sido insultante.

Nasruddin es un místico sufí, un poco loco, pero siempre tremendamente sabio. Un día iba a llevar a sus discípulos a ver una rara colección de cuadros que había llegado a la ciudad.

Ahora la pregunta era... Él iría montado en su burro. Preguntó a sus discípulos: "¿Qué hacer? Si monto en mi burro de la manera habitual, entonces mi espalda estará hacia vosotros. Eso es insultante, y no puedo insultar a mis discípulos. Si camináis delante de mí, vuestras espaldas estarán hacia mí. No creo que me hagáis ese insulto. Así que la única forma posible es que yo monte en el burro de cara a ti".

Los discípulos dijeron: "Pero todo el pueblo se reirá, y tú también nos harás parecer estúpidos... aunque tiene su punto. Pero ir a cualquier parte contigo es un problema".

La procesión atravesó la ciudad. Todo el mundo miraba... ¿Qué pasa?

Nadie había visto nunca a nadie montado en un asno mirando hacia atrás. Finalmente se reunió una multitud y dijeron: "No te dejaremos ir si no nos das una explicación".

Nasruddin dijo: "La explicación es sencilla. No quiero insultar a mis discípulos, así que no puedo estar de espaldas a ellos. Y no quiero que mis discípulos me insulten, así que no pueden caminar delante de mí. Tienen que caminar detrás de mí. Ahora qué dices... ¿cómo se puede gestionar? Esta es la única manera".

La gente decía: "Es una locura, pero es la única manera. Si mantener a alguien a tu espalda es insultante, sin duda estás haciendo lo correcto".

Un hombre sencillo con una pureza absoluta: cada acto de su vida está lleno de sabiduría, pero a primera vista parece un poco loco. Pertenece a la misma categoría que Bodhidharma, que Mahakashyap.

Pero es un poco más excéntrico que cualquiera de ellos.

Desde el vacío del corazón, no es necesario que lo que surja sea entendido por la gente como sabiduría. Tú estarás perfectamente a gusto con ello, y los que te entiendan estarán perfectamente a gusto contigo. Pero en este mundo encontrar personas que puedan comprender la sabiduría del corazón vacío es muy difícil y raro.

Pero no hay ningún problema. El hombre de corazón vacío no necesita ningún reconocimiento. Está tan realizado que puede parecer loco a todo el mundo, pero si surge de su espontaneidad, no importa. Lo único que importa es que no sea falso, que no sea hipocresía, que no sea farsante. Debe salir de tu corazón y de su vacío. Entonces todo es sabio, tanto si la gente lo reconoce como si no.

¿Quién ha reconocido a Mulla Nasruddin? Muy poca gente. ¿Quién ha reconocido a Bodhidharma? Muy poca gente. ¿Quién ha reconocido a Mahakashyap riendo de repente?

Sólo Gautam Buda. Diez mil monjes estaban presentes pero nadie podía entender este comportamiento excéntrico. Pero surgía del corazón vacío, de una claridad de visión.

Sólo otro hombre con la misma claridad puede entenderlo.

Maneesha, la sabiduría del corazón vacío sólo es comprensible para aquellos que han entrado en su propio vacío. Para los demás seguirá siendo un enigma, una locura. Y hay tantos budas hermosos—su comportamiento estaba absolutamente en sintonía con la vacuidad del corazón, pero no era racional. No podia ser entendido por el llamado intelectual. Era casi imposible ser comprendido por la multitud.

En Japón hay una muñeca... se puede conseguir en cualquier sitio, aquí también. La muñeca se llama daruma.

Daruma es un apodo japonés para Bodhidharma, y la muñeca representa algo especial. Según cuenta la historia, fue hecha por Bodhidharma. El muñeco está hecho de tal manera que su parte inferior es muy pesada, por lo que se puede lanzar de cualquier manera y siempre caerá y se sentará inmediatamente en la postura del loto. Cuando Bodhidharma la hizo, sus discípulos se rieron:

"¿Qué estás haciendo?"

Dijo: "Esta será una enseñanza, incluso para los niños pequeños, para ser un buda en cualquier posición, en cualquier situación. Mira este muñeco; lánzalo de cualquier manera e inmediatamente recuperará el equilibrio y se sentará en la postura de buda".

Un buda de la categoría de Bodhidharma puede hacer una muñeca mucho más importante que cualquier escritura. El té que bebes... quizá no conozcas toda su historia. Bodhidharma estaba meditando en una montaña de China llamada T'a. Y no quería parpadear, pero es natural que los ojos parpadeen. Quería mantener los ojos abiertos mientras meditaba, así que se cortó los párpados y los arrojó justo delante de su sien. De los pelos de los párpados crecieron las primeras hojas de té.

Esa es la historia. Se llama té, porque se encontró por primera vez en la montaña de T'a y todos los nombres en los diferentes idiomas se refieren a la montaña, T'a. En marathi es cha, en hindi es chai. Pero se origina en la montaña, T'a. Por supuesto, es una ficción. Pero como surgió de los cabellos de Bodhidharma, te mantiene despierto.

Así que cuando quieras estar despierto... sólo una taza de té. Pero recuerda, te mantiene despierto porque es un producto de los párpados de Bodhidharma. Y Bodhidharma era un hombre de conciencia absoluta, así que alguna cualidad de la conciencia aún continúa en el té.

Es una historia hermosa, y sus implicaciones son grandes. Cualquier cosa que salga del corazón vacío y de su sabiduría va a tener cierta calidad para los siglos venideros. Puede parecer una ficción - es una ficción. Pero incluso una ficción puede servir para indicar una verdad. El té te mantiene despierto porque Bodhidharma era un hombre de conciencia plenamente despierta.

Incluso si observas la estatua de Buda en silencio, te sorprenderá que poco a poco tu mente se vacía y empiezas a entrar en tu propio manantial de vida. Esa estatua está hecha exactamente en la postura en la que Gautam Buda solía meditar. Sentado frente a esa estatua, algo en ti empieza a sincronizarse con la postura de la estatua. No haces nada, sólo te sientas, y el buda empieza a reflejarse en tu espejo.

Pero el espejo tiene que estar limpio, el espejo tiene que estar vacío de contenido. Eso es lo que intentamos hacer cada día: lavar el espejo, limpiar el polvo de los siglos. Cada día se desprende algo de impureza; algo se hace más reconocible como un buda. Tal vez sólo un atisbo, pero pronto este atisbo se convertirá en toda tu vida.

Antes de que todos os convirtáis en budas, reíd un poco, porque después de convertirse en buda, la risa no conviene. Ningún buda se ríe. Así que siempre es bueno reír antes de convertirse en un buda, porque si te ríes cuando eres un buda será objetado.

La buena de Olga Kowalski baja las escaleras y se encuentra a su marido en el sofá viendo el fútbol en la televisión.

"Kowalski", me regaña, "¿cómo es que ya no hablamos nunca? Otros maridos hablan con sus mujeres. No me has dicho ni dos palabras en toda la semana".

Entonces Olga se pone furiosa delante del televisor y exige: "¡Sólo di dos palabras!".

"Vale", dice Kowalski, estirando el cuello para ver la tele. "¡Cállate!"

La Srta. Goodbody enseña educación sexual a su clase de noveno curso. Sentado al fondo del aula, leyendo Playboy y fumando un cigarrillo, está el hijo de Chester Cheese, Wise-guy Willy.

"Clase", comienza la señorita Goodbody, temblorosa, "hoy hablaremos de las relaciones sexuales".

El sabelotodo Willy deja su revista, sonríe y guiña un ojo a la señorita Goodbody.

"Eh... hay ocho posiciones básicas para el coito", dice nerviosa la señorita Goodbody.

"Nueve", viene la voz de Willy desde atrás.

Nerviosa y ruborizada, la señorita Goodbody comienza de nuevo. "Hay ocho posiciones básicas para mantener relaciones sexuales", balbucea.

"Nueve", interrumpe Willy, otra vez.

Esta vez, la señorita Goodbody respira hondo y continúa: "La primera se llama posición del misionero: el hombre está encima de la mujer y de cara a ella...".

"¡Ajá!", dice Willy, guiñando de nuevo el ojo, "¡diez!".

Paddy y Kowalski están de copas en la ciudad. Después de beber mucho, deciden ir a cenar al restaurante Roasting Rhinoceros, de cien pisos de altura y giratorio.

Eligen una mesa con vistas a las luces de la ciudad, pero sólo llevan allí sentados unos minutos cuando ambos sienten la necesidad de orinar.

"¿Puede decirnos dónde está el baño?" Paddy babea al camarero jefe.

"Desde luego, señor", responde el camarero, señalando al otro lado del restaurante. "Sólo tiene que bajar por el pasadizo de allí, girar a la izquierda y bajar dos escalones".

Las indicaciones se repiten de nuevo para Kowalski, que no está muy seguro de saber dónde está ni qué busca.

"Recuerda", dice el jefe de camareros, "gira a la izquierda y dos escalones más abajo...".

Paddy y Kowalski cruzan la sala y bajan por el pasillo. Toman la primera puerta a la izquierda y entran en el hueco abierto del ascensor.

Cien pisos más abajo, Paddy se levanta lentamente del suelo.

"¿Cómo te sientes?" le pregunta Paddy a su amigo polaco, tumbado a su lado.

"No está tan mal", responde Kowalski. "Pero no creo que pueda dar el segundo paso".

Nivedano...

Nivedano...

Quédate en silencio, cierra los ojos. Siente que tu cuerpo está completamente congelado.

Mira hacia dentro, lo más profundamente posible.

Es tu propio espacio.

Al final encontrarás el corazón vacío.

El corazón vacío es una puerta a la eternidad. Es una conexión entre tú y la existencia. No es algo físico o material. No es algo mental o psicológico. Es algo que está más allá de ambos, que los trasciende.

Es tu espiritualidad.

Recuerda, el corazón vacío te convierte en un buda.

Este momento es bendito.

Diez mil corazones sienten el silencio y la fusión con la existencia.

Sois los afortunados de la tierra.

Que quede claro, Nivedano...

Relájate... sé un vigilante tanto de la mente como del cuerpo.

Hay que insistir en el testimonio.

Ser testigo es tu amor secreto.

Testificar es Buda, observar.

Aférrate a la experiencia para que, cuando vuelvas, traigas algo de tu profundidad: algo de oro, algo de diamante, algo de esplendor.

Nivedano...

Vuelve, pero vuelve con una nueva riqueza, con una nueva integridad, con una nueva individualidad.

Renacido, siéntate unos instantes recordando la experiencia de que eres el buda.

¿De acuerdo, Maneesha?

Sí, amado Maestro.

¿Podemos celebrar la reunión de diez mil budas?

¡Sí!

El Buda: El vacío del corazón

El hombre de la libertad ilustrada

NUESTRO AMADO MAESTRO, DIJO ENGO:

EL HOMBRE ILUMINADO GOZA DE PERFECTA LIBERTAD EN LA VIDA ACTIVA. ES COMO UN DRAGÓN SOSTENIDO POR AGUAS PROFUNDAS, O COMO UN TIGRE QUE DOMINA SU RETIRO EN LA MONTAÑA. EL HOMBRE NO ILUMINADO ANDA A LA DERIVA EN LOS ASUNTOS DEL MUNDO. ES COMO UN CARNERO AL QUE SE LE ENGANCHAN LOS CUERNOS EN UNA VALLA, O COMO UN HOMBRE QUE ESPERA A QUE UNA LIEBRE CORRA CONTRA EL TOCÓN DE UN ÁRBOL Y SE ATURDA.

LAS PALABRAS DEL HOMBRE ILUMINADO SON A VECES COMO UN LEÓN AGAZAPADO A PUNTO DE SALTAR, A VECES COMO LA ESPADA DEL TESORO DEL REY DE DIAMANTES. A VECES SU EFECTO ES CERRAR LA BOCA DE LOS FAMOSOS DEL MUNDO, A VECES ES COMO SI SIMPLEMENTE SIGUIERAN LAS OLAS QUE VIENEN UNA TRAS OTRA.

CUANDO EL HOMBRE ILUMINADO SE ENCUENTRA CON OTROS QUE ESTÁN ILUMINADOS, ENTONCES AMIGO SE ENCUENTRA CON AMIGO. ÉL LOS VALORA, Y ELLOS SE ANIMAN MUTUAMENTE. CUANDO SE ENCUENTRA CON LOS QUE ESTÁN A LA DERIVA EN EL MUNDO, ENTONCES MAESTRO SE ENCUENTRA CON DISCÍPULO. SU FORMA DE TRATAR CON ESAS PERSONAS

ES CLARIVIDENTE. SE MANTIENE FIRME ANTE ELLOS, COMO UN ACANTILADO DE MIL BRAZAS.

POR ESO SE DICE QUE EL CAMINO DEL ABSOLUTO SE MANIFIESTA EN TODAS PARTES: NO TIENE REGLAS NI NORMAS FIJAS. EL MAESTRO A VECES HACE QUE UNA BRIZNA DE HIERBA REPRESENTE AL BUDA DE ROSTRO DORADO, DE DIECISÉIS PIES DE ALTURA, Y A VECES HACE QUE EL BUDA DE ROSTRO DORADO, DE DIECISÉIS PIES DE ALTURA, REPRESENTE UNA BRIZNA DE HIERBA.

EN OTRA OCASIÓN, ENGO DIJO:

EL UNIVERSO NO ESTÁ VELADO; TODAS SUS ACTIVIDADES ESTÁN ABIERTAS. SEA CUAL SEA EL CAMINO QUE TOME, EL HOMBRE ILUMINADO NO ENCUENTRA NINGÚN OBSTÁCULO. EN TODO MOMENTO SE COMPORTA DE FORMA INDEPENDIENTE. CADA UNA DE SUS PALABRAS ESTÁ DESPROVISTA DE EGOCENTRISMO.

UNA VEZ CORTADA LA FORMA ENGAÑOSA DE PENSAR, MIL OJOS SE ABREN DE REPENTE. UNA PALABRA BLOQUEA LA CORRIENTE DE PENSAMIENTO, Y TODAS LAS NO-ACCIONES SON CONTROLADAS. ¿HAY ALGUIEN QUE QUIERA PASAR POR LA EXPERIENCIA DE MORIR LA MISMA MUERTE Y VIVIR LA MISMA VIDA QUE EL BUDA? LA VERDAD SE MANIFIESTA EN TODAS PARTES.

Maneesha, esta es la última charla de la serie llamada EL BUDDHA: LA VACIEDAD DEL CORAZÓN.

Es muy apropiado—exactamente el momento adecuado—que hayas traído la declaración del gran maestro Engo sobre el hombre iluminado.

Durante siglos el hombre ha estado pensando en la definición de la iluminación. Se han realizado una larga sucesión de esfuerzos, pero nadie ha sido capaz de aportar una definición perfecta de la iluminación, o de los hombres iluminados. Engo se acerca mucho, casi al grano; por eso hay que escucharle con absoluto silencio. Está diciendo algo que es difícil de decir. Su esfuerzo es tremendamente valioso.

Dice sobre el hombre iluminado:

EL HOMBRE ILUMINADO GOZA DE PERFECTA LIBERTAD EN LA VIDA ACTIVA.

Ese es el fundamento de sus siguientes afirmaciones; hay que entenderlo, con todas sus implicaciones.

El hombre inconsciente vive en función de los demás, ya sea siguiéndolos o negándolos, pero el foco siempre es el otro. Así que hay seguidores y hay anti-seguidores; hay teístas y hay ateos. Pero en el fondo no son diferentes. Uno está positivamente a favor de alguna doctrina y el otro es negativo, reactivo, en contra de la misma doctrina, pero ambos se aferran a algo distinto de ellos mismos. Están orientados hacia los demás.

Siempre recuerdo a Jean-Paul Sartre y su afirmación de que "el otro es el infierno". Puede que la hiciera en un contexto diferente, pero en sí misma la afirmación es valiosa. Quiero que lo sepas: el otro es el infierno porque te quita la libertad. Puede hacerse con mucho amor, sin ninguna mala intención. Puede hacerse con toda buena intención, pero eso no importa: el antiguo refrán dice que "el camino del infierno está empedrado de buenas intenciones".

Los padres, los profesores, los vecinos, los amigos... todos están continuamente dando una forma a tu vida, un estilo a tu vida. Si miras en tu mente encontrarás muchas voces juntas: tu padre está hablando, tu abuelo está hablando, tu madre, tu hermano, tus maestros, tus profesores. Pero una cosa que no encontrarás allí es tu voz. Tu voz ha sido completamente reprimida por otras voces.

Capa sobre capa, has perdido la pista incluso de tu propia voz, de tu propio yo, de tu propio rostro. Tantas máscaras...

Cuando un niño pequeño viene al mundo, no es más que una pizarra en blanco; e inmediatamente empiezas a escribir en su pizarra sin molestarte siquiera en pedirle permiso. Lo conviertes en cristiano, lo conviertes en hindú, lo conviertes en mahometano; lo conviertes en lo que quieras, y no comprendes que la conciencia no es algo a lo que puedas dar un modo, un patrón determinado. Lo que finalmente sucede con todos tus esfuerzos e intenciones es un hipócrita, una persona que sabe que está haciendo algo pero su corazón no está en ello. Se convierte en un farsante, en un esclavo de todos los que le rodean. No sólo los vivos sino también los muertos están creando tu esclavitud.

La afirmación de Engo es: EL HOMBRE ILUMINADO DISFRUTA DE LA LIBERTAD PERFECTA EN LA VIDA ACTIVA. No es esclavo de ninguna tradición, de ninguna cultura, de ninguna civilización. Vive según su propia espontaneidad, según su propia conciencia.

Y ése es uno de los problemas: el iluminado está destinado a ser incomprendido, porque el mundo entero está lleno de esclavos. No pueden entender el lenguaje de la libertad.

Es casi como vender gafas a un mundo de ciegos. Aunque tengan las gafas, no les sirven de nada: no pueden ver, no tienen ojos.

Un hombre acudió a un oftalmólogo y le preguntó: "Revíseme los ojos. ¿Cree que podré leer si me receta gafas?".

El oftalmólogo me dijo: "Claro que podrás leer".

Escribió la receta y se fabricaron las gafas. Pero el hombre dijo: "Por cierto, debo informarle de que no sé leer".

El especialista me dijo: "¡Qué raro eres! Deberías haberlo dicho antes, porque incluso con gafas, si no sabes leer, no vas a leer".

La gente lleva escrituras que describen la libertad, que incluso hablan de la libertad de las escrituras. La gente está venerando estatuas de personas como Gautam Buda, cuyas últimas palabras fueron: "Recordad que éstas son mis últimas palabras, mi último deseo: que no se hagan estatuas mías". Diez mil sannyasins estaban escuchando y, como sucedió, ahora hay más estatuas de Gautam Buda en el mundo que de cualquier otra persona. Un solo templo en China tiene incluso diez mil Budas. Toda la montaña, de kilómetros de largo, ha sido tallada en estatuas de Buda.

Es una extraña ceguera. Es una extraña incomprensión....

Y un hombre de libertad está destinado a ser condenado por los esclavos, porque los esclavos no pueden aceptar la idea de que son esclavos. Así que cualquiera que se ilumine y se convierta en un hombre de libertad, se convierte en un peligro para millones de egos. Su libertad para volar por el cielo con las alas abiertas está destinada a ser condenada por todos aquellos que están lisiados, que están atrapados en jaulas. Las jaulas pueden ser de oro—muy preciosas, acogedoras, un buen refugio—pero la alegría de estar sobre tus propias alas en el cielo, ilimitado, sin barreras, sin límites, es mucho más valiosa que cualquier jaula de oro.

Engo dice, EL HOMBRE ILUMINADO DISFRUTA DE LA LIBERTAD PERFECTA EN LA VIDA ACTIVA. No está atado a ninguna moral, no está atado a ninguna regla, no está atado a ningún ethos, no está atado a ninguna sociedad, a ninguna civilización, a ninguna cultura, a ninguna educación. Permanece fiel y honesto a su propio ser. No le importa si su acción va en contra de la sociedad, si su acción va en contra de las escrituras. Todo con lo que se compromete es con su propia respuesta espontánea. No tiene ningún otro compromiso. No puede ser cristiano, mahometano, judío o jainista. Sólo puede ser un ser humano sin ataduras.

Pero naturalmente tiene que sufrir. Tiene que sufrir porque toda la multitud está formada por esclavos, por ciegos. Se sienten heridos, profundamente heridos, por su presencia, por su libertad. No dejan de comparar, y en el fondo se sienten culpables de no haber defendido nunca su propia libertad. Han seguido siendo ovejas, sólo parte de una multitud; nunca declararon su individualidad. Y ahora aparece un hombre de libertad absoluta.

Quienes tengan algo de inteligencia se enamorarán de este hombre de libertad; pero muy pocas personas tienen inteligencia. La mayoría de la gente vive sin ninguna inteligencia en su vida—una vida de robot, casi mecánica. Todos van a estar en contra de tales personas—en nombre de la religión, en nombre de la moralidad, en nombre de la sociedad. Su excusa es que estas personas son peligrosas: si todo el mundo empieza a funcionar según su propia verdad, entonces no habrá sociedad, ni estado, ni nación, ni ejército, ni guerra.

Toda la sociedad está comprometida con cosas tan estúpidas que un hombre de libertad ilustrada no puede comprometerse con ninguna de ellas. No puede ser indio, francés o chino; toda la tierra es una para él. Cada una de sus acciones está de acuerdo con su propia conciencia, no de acuerdo con ninguna enseñanza de alguna persona muerta, supuestamente sabia. Tiene sus propios ojos para ver; ¿por qué debería escuchar a otros? Tiene sus propios oídos para oír; ¿por qué debería escuchar a otros? Tiene su propia conciencia para decidir; ¿por qué debería seguir los diez mandamientos de Moisés, o el Sermón de la Montaña de Jesús, o el SHRIMAD BHAGAVADGITA de Krishna? Pueden ser hermosos, pero no van a guiar su vida.

En el momento en que tienes directrices de otros, eres espiritualmente un esclavo.

En otras palabras, Engo está diciendo que el hombre iluminado vive de acuerdo con su propia fuente de vida, sin ninguna consideración o compromiso con la multitud. Es absolutamente individualista y quiere que todos los demás también lo sean.

No hay nada más valioso que la libertad, porque sólo en libertad puedes desarrollar todo tu potencial. Como esclavo estás lisiado, estás cortado, estás en un molde; estás encadenado, estás en jaulas - diferentes tamaños de jaulas, diferentes formas de jaulas....

Pero recuerda una cosa: lo que no ha surgido dentro de ti es siempre algún tipo de esclavitud.

La primera definición del hombre iluminado es la LIBERTAD PERFECTA EN LA VIDA ACTIVA.

Está destinado a ser condenado, porque la multitud se molesta. La multitud se altera porque un hombre así va a destruir su esclavitud, que ellos creen que es un estilo de vida muy cómodo y seguro.

Me acuerdo de una historia.

En una región montañosa, un hombre libre descansó durante un día en un caravasar. Ese caravanserai tenía un hermoso loro, y el dueño le había enseñado al loro... El loro no paraba de pedir libertad: "¡Libertad!". Era extraño....

El forastero, un hombre ilustrado, no podía creerse todo esto. Porque primero lo metes en la jaula y luego le enseñas a repetir "¡Libertad!". Si el dueño es honesto, ¡debería darle la libertad!

Por la noche, no pudo resistirse. Se despertó, abrió la puerta de la jaula del loro y le dijo: "Ahora las puertas están abiertas y todo el cielo es tuyo. Sal de ahí".

Y el loro se aferraba a la jaula y seguía gritando con fuerza: "¡Libertad, libertad!".

Finalmente, el hombre dijo: "Esto es extraño... ¡la puerta está abierta! ¿Por qué te aferras a la jaula?".

Metió la mano a la fuerza y sacó al loro, que se resistió mucho y le arañó la mano, pero el hombre lo sacó y lo arrojó al cielo. Luego, sintiendo un profundo alivio, se fue a dormir. Por la mañana, lo primero que oyó fue: "¡Libertad!".

Se asomó y el loro estaba dentro de la jaula; la puerta seguía abierta....

Fuera de la jaula la vida es tan vasta que uno llega a tener miedo. Hay enemigos; habrá días demasiado fríos, habrá noches demasiado calurosas, habrá veces que tendrás que pasar hambre. No habrá nadie que te proteja continuamente.

Cuando uno se acostumbra a vivir en una jaula, la libertad se convierte en una idea muy peligrosa.

Veintiún países han decidido sobre mí que soy un hombre peligroso. No he matado ni una sola hormiga en toda mi vida; nunca he utilizado ni siquiera un cortapapeles, y los parlamentos de veintiún países deciden que soy un hombre peligroso. Y nadie pregunta: "¿Cuál es la definición de peligro? ¿Por qué es peligroso este hombre?".

No soy terrorista, no enseño a la gente a fabricar bombas, no soy anarquista.

Pero el peligro es que extiendo el fuego de la libertad. Despierto a la gente diciendo que, a menos que exijas tu libertad -de todo tipo de cadenas, esposas, de todo tipo de jaulas-, nunca podrás ser un Gautam Buda. Nunca conocerás las alegrías, las bendiciones y los éxtasis de la libertad. Nunca conocerás tu propia eternidad. Siempre tendrás miedo de la muerte, sin saber que la muerte es una ficción - es muy superficial, ocurre sólo en la superficie. Por dentro, la vida continúa por siempre jamás.

Pero para saber todo esto necesitas libertad. Y esta libertad no es social ni política ni económica; esta libertad es espiritual. Necesitas ir a tu interior y encontrar ese espacio que aún no ha sido encadenado. Encontrando ese espacio de donde surge tu vida, alcanzarás la iluminación y la libertad juntas; son dos nombres diferentes para la misma y única experiencia.

dice Engo:

ES COMO UN DRAGÓN APOYADO EN AGUAS PROFUNDAS O COMO UN TIGRE QUE DOMINA SU RETIRO EN LA MONTAÑA. EL HOMBRE QUE NO ESTÁ ILUMINADO ANDA A LA DERIVA EN LOS ASUNTOS DEL MUNDO.

Obsérvate a ti mismo. ¿Qué has estado haciendo en el mundo? A la deriva, sin dirección, sin dimensión, sin claridad, sin visión. Siguiendo a la multitud, sin saber adónde vas, confiando en que la multitud debe saberlo: si va tanta gente, entonces debemos tener razón, porque tanta gente no puede estar equivocada.

Y la realidad es que ¡mucha gente no puede tener razón! Tener razón es una experiencia única; tener razón es estar iluminado.

Cuidado con ese cálculo inconsciente de que, como todo el mundo hace algo, tiene que estar bien; tanta gente no puede estar equivocada. Esta es la aritmética que hemos estado viviendo. Así que tropezamos, andamos a tientas en la oscuridad; seguimos a este hombre, seguimos a aquel hombre, y nunca pensamos: "Si estamos vivos, entonces debe haber una fuente dentro de nosotros -tiene que haberla-, de lo contrario, ¿de dónde viene nuestra vida?".

Sin conocer esta fuente, aunque sigas a un buda, te extraviarás. Como cada individuo es único, no puedes seguir a nadie.

EL HOMBRE QUE NO ESTÁ ILUMINADO ANDA A LA DERIVA EN LOS ASUNTOS DEL MUNDO.

Tu vida, si no está iluminada, no es más que una deriva.

Ocurrió un extraño incidente....

Había ido a matricularme a una universidad y me dieron un formulario para rellenar. Un joven de mi edad también tenía un formulario en la mano. Miró mi formulario y me dijo: "¿Qué asignaturas estás rellenando?".

Le dije: "Eso no es asunto tuyo. Tú rellena tus temas".

Me dijo: "No sé qué temas rellenar".

Así que miró mi formulario y, como yo había rellenado filosofía, psicología y política, él rellenó lo mismo. Le dije: "Esto es muy extraño".

Me dijo: "No, porque no sé qué hacer con mi vida".

Nos graduamos en el mismo colegio, y luego me cambié a la universidad. Y fue una gran sorpresa: cuando entré en la oficina, el mismo compañero me estaba esperando con su formulario. Me dijo: "¡Has venido! Me he estado preguntando qué hacer; ha sido una gran alegría rellenar el formulario de acuerdo contigo. Ahora, ¿qué vas a estudiar para tu posgrado?".

Dije: "Esto es muy estúpido".

Me dijo: "No, ha sido un gran alivio que al menos alguien sepa adónde va, y yo le sigo".

Así que miró mi formulario y rellenó lo que le correspondía: filosofía, religión, psicología.

Dije: "Esta no es una forma correcta de vivir. Se está convirtiendo en un calco".

Pero él dijo: "Estoy perfectamente tranquilo. Si estás cursando estas asignaturas, deben ser las mejores que hay en la universidad".

Dije: "No tengo objeción..."

En una de mis clases de posgrado, el profesor era un brahmán muy ortodoxo de Bengala, tan ortodoxo que nunca he encontrado a nadie como él. No enseñaba con los ojos abiertos porque había dos chicas en la clase: chicas a las que no puede mirar, es célibe. Era una buena oportunidad, así que dormía todo el tiempo. Y él pensó que quizá yo también era un gran célibe.

Así que estaban esas dos chicas y ese chico que me había estado siguiendo. El profesor era muy curioso. Un día me pilló en la biblioteca y me dijo: "Hoy en día es muy raro encontrar gente comprometida con el celibato".

Le dije: "Tienes una impresión equivocada".

Dijo: "¿Impresión equivocada?"

Le dije: "¿Por qué cierras los ojos?".

Dijo: "Soy célibe y no quiero ver ningún rostro femenino".

Le dije: "Es cierto, ésa es también mi razón... ¡porque no vale la pena ver a esas dos chicas! Pero no es celibato. Día tras día, esas mismas dos chicas; simplemente mantengo los ojos cerrados".

Dijo: "¡Dios mío! Estamos haciendo la misma acción pero nuestras razones son tan diferentes".

Y ese chico era la única otra persona en la clase. Era un gran seguidor, pero no sabía qué hacer: cerrar los ojos porque yo cerraba los míos, el profesor cerraba los suyos y sólo estaban aquellas dos chicas... Pero él estaba muy interesado en esas chicas, aunque las chicas no mostraban ningún signo de interés en él. Estaba muy decepcionado. Me dijo: "Tendrás que ayudarme. Siempre has ayudado... desde que entré en la universidad has sido de gran ayuda; ahora tienes que ayudar".

Le dije: "¿Cuál es el problema?".

Me dijo: "El problema es que intento por todos los medios hablar con esas chicas, pero no se interesan por mí; ni siquiera les importo. Pasan a mi lado como si no estuviera allí... me duele".

Le dije: "Tienes que hacer algo bien".

Así que le escribí una carta de amor y le dije: "Mañana la entregas tú".

Me dijo: "Esto es muy peligroso; me has hecho firmarlo. Has escrito todas estas cosas y si me pillan, si la chica se asusta, o cualquier cosa...".

Le dije: "No te preocupes; yo prepararé a la niña, porque he asumido la responsabilidad. Por eso te digo que mañana la entregues. Sólo dame un día de oportunidad para preparar a la chica".

Le dije a la chica: "Este chico es muy pobre... espiritualmente pobre... necesita compasión".

La chica dijo: "¿Qué puedo hacer?".

Le dije: "No tienes que hacer nada. Mañana te entregará una carta de amor; acéptala con una cara sonriente".

Ella dijo: "Estás creando problemas. No me gusta ese tipo".

Le dije: "No es cuestión de que te guste o no; incluso puedes odiar a ese tipo. Pero recibir la carta, como una buena dama... no va en contra de ninguna educación, de ninguna etiqueta".

Ella dijo: "Si tú lo dices, aceptaré la carta".

Entonces le dije: "No es el final. Tú también tienes que escribir una carta".

Ella dijo: "¡Dios mío! Me estás creando problemas. Si mi padre se entera"—y su padre era el recaudador de esa ciudad— "si se entera... Es un tipo peligroso, incluso puede disparar. Todos los días saca brillo a su pistola, y me ha dicho: 'No te metas en ningún asunto amoroso; si no, alguien va a recibir un disparo'", le dije, "Prepararé a tu padre, no te preocupes. Si van a disparar a alguien, yo soy el que está preparado porque no tengo nada que perder. Está perfectamente bien, puede dispararme. Pero tendrás que escribir una carta, porque este tipo sólo necesita una esperanza. No escribas demasiadas cosas dulces, sólo..."

Ella dijo: "Vale, lo intentaré. Pero no sé, nunca he escrito una carta de amor".

Dije: "Dios mío... La escribiré". Así que escribí una carta de amor y ella la firmó.

Se intercambiaron unas cuantas cartas de amor y, finalmente, la chica vino a decirme: "Parece que mi padre empieza a sospechar. Me ha metido en un lío, porque ahora ese chico tiene al menos siete cartas firmadas por mí".

Le dije: "Ese chico no es una persona real, es un calco. No te preocupes por él. Te devolveré todas tus cartas".

Le dije al chico: "Escucha, el padre de la chica es muy peligroso y no para de pulir su pistola".

Me dijo: "¡Dios mío! ¿Y no me lo habías dicho antes? ¿Dónde vive?"

Le dije: "Es recaudador y vive en la ciudad, a cinco o seis kilómetros de la universidad. Pero ahora su vida está en peligro".

Dijo: "Tú escribiste esas cartas..."

Le dije: "No importa quién las escribió. Lo que importa es quién firmó".

Dijo: "Ahora sálvame de alguna manera, no quiero meterme en problemas. Si hubiera sabido que el amor significa problemas, no me habría enamorado".

Así que le dije: "Devuélveme todas esas cartas". Él dijo: "Entonces, ¿qué pasará con mis cartas que están en manos de la chica?".

Le dije: "Yo también retiraré esas cartas".

Me dijo: "¡No lo olvides! porque esas siete letras me mantendrán siempre enamorado.

Sólo tengo que copiar una carta, porque no me apaño... has hecho unas cartas tan bonitas. No me importa que la niña se pierda, ¡pero esas cartas las echaría de menos toda mi vida!".

Recuperé las cartas de ambas partes.

Al cabo de diez años, le encontré en otra ciudad. Se había convertido en profesor y tenía mujer e hijos. Le dije: "Te las has arreglado perfectamente".

Me dijo: "Todo el mérito es tuyo. Esas cartas funcionaron milagrosamente. Las probé con muchas chicas y fueron rechazadas, pero esta chica...".

Y vi por qué esta chica... porque no era muy chica. ¡Incluso le había crecido algo de bigote! Le dije: "¡Eres un tonto! Al menos deberías haberme preguntado a mí. Me las habría arreglado con otra chica. Hay tantas chicas... el mundo entero está lleno de chicas, y tú eres un tipo tan guapo".

Dijo: "¿Le pasa algo a esta chica?".

Le dije: "¡No es una chica en absoluto! Mira su bigote".

Sólo me he cruzado con dos mujeres: una era esta chica y otra la hija de uno de mis directores; llevaba un poco de barba. Creo que está perfectamente bien, no hay nada malo, pero le dije a ese tipo: "Eres un idiota desde el principio, y sin mi ayuda no deberías haber dado este paso".

Dijo: "Ahora es demasiado tarde. Tengo tres hijos". ¡Todo feo! Le dije: "Era absolutamente seguro que harías algo desagradable como esto".

Me dijo: "¿Les pasa algo a mis hijos?".

Le dije: "¿Alguna vez madurarás? No lo creo, en esta vida".

Me dijo: "Pero todo el mundo dice, mirando a mis hijos: "¡Qué bonitos son!"" Le contesté: "Siempre que alguien le dice a una mujer que su hijo tiene muy buen aspecto, eso significa simplemente que el niño es feo."

Le conté un incidente que ocurrió en un autobús:

Una mujer llevaba a su hijo en brazos, y un viejo borracho se acercó, miró muy de cerca al niño y dijo: "¡Dios mío! Debe de ser el niño más feo de todo el mundo".

La mujer se puso a llorar y a llorar; estas cosas no se dicen. Pero un tipo borracho...

El autobús se detuvo, porque el conductor dijo: "No parece correcto que la mujer esté llorando". Así que se acercó a la mujer y le dijo: "No llores. Ese tipo era un borracho. Y no sé qué te ha dicho, pero te traeré una taza de té".

Así que trajo una taza de té, se la dio a la mujer y le dijo: "Bébete el té y olvida lo que hizo ese borracho. Y también he traído un plátano para tu mono".

La gente nunca piensa qué clase de hijos va a tener. Ese borracho era por lo menos honesto, y el conductor también era honesto.

Pero las personas inconscientes siguen haciendo cosas sin ninguna razón ni rima. El hombre inconsciente es básicamente un seguidor en todas las dimensiones de la vida. No tiene el sentido de encontrar una direccion para si mismo. Siempre busca a alguien que le guie. Está destinado a caer en una larga noche oscura que no tiene fin.

Una cosa tiene que decidirla cada individuo—particularmente mi gente tiene que decidirla—encontrar tu propia fuente de vida, descubrir cuales son tus potenciales, y dejarlos crecer.

Aunque vayas contra todo el mundo, al menos te sentirás realizado en tu libertad.

De lo contrario, te conviertes en mera madera a la deriva; cualquiera puede darte una forma, cualquiera puede darte una dirección, cualquiera puede darte directrices.

Engo continúa:

ES COMO UN CARNERO AL QUE SE LE ENGANCHAN LOS CUERNOS EN UNA VALLA, O COMO UN HOMBRE QUE ESPERA A QUE UNA LIEBRE CORRA CONTRA EL TOCÓN DE UN ÁRBOL Y SE ATURDA.

LAS PALABRAS DEL HOMBRE ILUMINADO SON A VECES COMO UN LEÓN AGAZAPADO A PUNTO DE SALTAR, A VECES COMO LA ESPADA DEL TESORO DEL REY DE DIAMANTES. A VECES SU EFECTO ES CERRAR LA BOCA DE LOS FAMOSOS DEL MUNDO, A VECES ES COMO SI SIMPLEMENTE SIGUIERAN LAS OLAS QUE VIENEN UNA TRAS OTRA.

CUANDO EL ILUMINADO SE ENCUENTRA CON OTROS ILUMINADOS, ENTONCES AMIGO SE ENCUENTRA CON AMIGO. ÉL LOS VALORA, Y ELLOS SE ANIMAN... a ir incluso más allá de la iluminación.

CUANDO SE ENCUENTRA CON LOS QUE ESTÁN A LA DERIVA EN EL MUNDO, ENTONCES EL MAESTRO SE ENCUENTRA CON EL DISCÍPULO. SU MANERA DE TRATAR A ESAS PERSONAS ES CLARIVIDENTE. SE MANTIENE FIRME ANTE ELLOS, COMO UN ACANTILADO DE MIL BRAZAS.

POR ESO SE DICE QUE EL CAMINO DEL ABSOLUTO SE MANIFIESTA EN TODAS PARTES: NO TIENE REGLAS NI NORMAS FIJAS. EL MAESTRO A VECES HACE QUE UNA BRIZNA DE HIERBA REPRESENTE AL BUDA DE ROSTRO DORADO, DE DIECISÉIS PIES DE ALTURA, Y A VECES HACE QUE EL BUDA DE ROSTRO DORADO, DE DIECISÉIS PIES DE ALTURA, REPRESENTE UNA BRIZNA DE HIERBA.

Todos sabéis de un maestro zen que se alojaba en un templo, sólo por una noche. Era una noche fría, y en Japón las estatuas de Buda son de madera -en la India son de mármol; no encontrarás ni un solo Buda de madera en la India. Pero en Japón usan madera, y muy estéticamente.

Había tres Budas en el templo, y era una noche muy fría, así que el maestro cogió un Buda y encendió un fuego.

El sacerdote del templo vivía cerca. De repente vio luz y fuego en el interior del templo.

Vino corriendo y me dijo: "Desde el principio sospeché de ti; todas tus actividades parecen desentonar con las de los demás. ¿Qué has hecho? Has quemado a uno de mis Budas. Te di cobijo, ¡y así es como has mostrado tu agradecimiento!".

El maestro cogió su bastón y empezó a buscar entre las cenizas: Buda había desaparecido. El sacerdote dijo: "¿Qué estás haciendo ahora?"

Dijo: "Estoy buscando los huesos".

El sacerdote dijo: "¡Estás realmente loco! Era un Buda de madera, y la madera no tiene huesos".

El maestro dijo: "Eres inteligente, puedes entender. Ahora mira: la noche está a medias y hace mucho frío. Tienes dos budas más, y mientras un buda vivo está sufriendo frío, tú estás protegiendo a tus budas de madera. Trae aquí a uno de los Budas".

El sacerdote se limitó a agarrar al maestro y le obligó a salir del templo, gritando: "¡Destruirás todo mi templo!".

Y por la mañana vio que el mismo maestro... justo delante del templo había un hito. El maestro ha recogido unas cuantas flores silvestres y ha puesto esas flores silvestres sobre la piedra, y está sentado en profunda meditación a su lado.

El sacerdote dijo: "¡Dios mío! Ha destruido un Buda por la noche, y ahora en un hito ha puesto flores como si fuera un Buda... y junto a él está sentado en profunda meditación". Entonces salió, le sacudió y le dijo: "¿Qué estás haciendo?".

Dijo: "Estoy adorando a Buda. Si puedes adorar la madera, ¿qué hay de malo en adorar una piedra? Tu Buda tenía forma, un diseño bien tallado. Mi Buda está en bruto. Pero es un Buda perfecto en lo que respecta a la meditación. Puedo usar cualquier cosa para mostrar mi gratitud; toda la existencia es una".

Un hombre de libertad iluminada puede hacer que UNA HOJA DE CÉSPED SOPORTE AL BUDDHA DE FRENTE DORADO, DE DIECISÉIS PIES DE ALTURA, Y A VECES HACE QUE EL

BUDDHA DE FRENTE DORADO, DE DIECISÉIS PIES DE ALTURA, SOPORTE UNA HOJA DE CÉSPED.

No está confinado por ninguna norma ni reglamento; no está confinado por ninguna etiqueta ni modales. Su libertad es total. Actúa por espontaneidad, amor y compasión, pero no sigue ninguna regla. No se puede esperar de un buda que mañana haga lo mismo que ha hecho hoy. Él dirá: "Hoy es hoy y mañana será mañana".

Hoy esta es mi respuesta, en este contexto; mañana el contexto será diferente, y mi respuesta será diferente. Respondo a las situaciones no con prejuicios, sino con un corazón puro y vacío".

EN OTRA OCASIÓN, ENGO DIJO:

EL UNIVERSO NO ESTÁ VELADO; TODAS SUS ACTIVIDADES ESTÁN ABIERTAS. SEA CUAL SEA EL CAMINO QUE TOME, EL HOMBRE ILUMINADO NO ENCUENTRA NINGÚN OBSTÁCULO. EN TODO MOMENTO SE COMPORTA DE FORMA INDEPENDIENTE. CADA UNA DE SUS PALABRAS ESTÁ DESPROVISTA DE EGOCENTRISMO.

UNA VEZ CORTADA LA FORMA ENGAÑOSA DE PENSAR, MIL OJOS SE ABREN DE REPENTE. UNA PALABRA BLOQUEA LA CORRIENTE DE PENSAMIENTO, Y TODAS LAS NO-ACCIONES SON CONTROLADAS. ¿HAY ALGUIEN QUE QUIERA PASAR POR LA EXPERIENCIA DE MORIR LA MISMA MUERTE Y VIVIR LA MISMA VIDA QUE EL BUDA? LA VERDAD SE MANIFIESTA EN TODAS PARTES.

El hombre iluminado vive una vida de libertad; también muere una muerte de total libertad.

Ni la vida puede hacerle esclavo, ni la muerte.

El propio Gautam Buda, un día por la mañana temprano, hace veinticinco siglos, dijo a Ananda: "Reúne a todos los monjes bajo esos dos árboles saal", que siempre le gustaron; solía sentarse bajo esos árboles saal para meditar o para sus charlas. Dijo: "Prepárame una cama bajo esos árboles saal porque voy a dejar el cuerpo. E informa a todo el mundo de que si quieren hacer alguna pregunta, que la hagan".

Todos los monjes reunidos tenían lágrimas en los ojos. Pero Buda dijo: "Las lágrimas no ayudarán.

Si tienes alguna duda puedes preguntar, porque mañana no estaré aquí".

Los discípulos mayores e iluminados dijeron: "Has hablado durante cuarenta y dos años; has dicho todo lo que necesita un buscador. No tenemos ninguna pregunta; relájate tranquilamente".

Entonces Buda cerró los ojos. Dijo: "Primero dejaré el cuerpo, luego dejaré la mente, luego dejaré el corazón y desapareceré en el vacío".

Un hombre de un pueblo cercano, que llevaba treinta años posponiéndolo porque Buda iba y venía por su pueblo una y otra vez... quería conocer a Buda, quería preguntarle algo, pero siempre había alguna excusa: de repente llegó un cliente y ahora no puede dejar la tienda, o su mujer está enferma, o algún otro asunto, o tiene que ir a la boda de alguien. Así que muchas veces Buda pasó por el pueblo, y tuvo la idea de encontrarse con él.

De repente oyó que Buda iba a morir. Ahora ninguna excusa podía impedírselo. Corrió a las afueras de la ciudad donde estaba el campus de Buda. Fue allí y dijo: "¡Quiero hacer una pregunta!"

Ananda dijo: "Ahora le hemos dicho que no hay duda, y ha cerrado los ojos. No sabemos hasta dónde ha llegado, pero no podemos llamarle para que vuelva. Sería demasiado ingrato.

Ha pasado tantas veces por tu ciudad, ¿qué hacías?".

Dijo: "Siempre hay alguna excusa...".

Pero Buda abrió los ojos. Dijo: "Ananda, deja que haga la pregunta para que en los siglos venideros nadie pueda culparme de que alguien hizo una pregunta y yo no respondí".

"Pero", dijo Ananda, "¡estuviste a punto de morir!".

Dijo: "Casi, pero no del todo. Había dejado el cuerpo, había dejado la mente; iba a dejar el corazón cuando me enteré. No importa si me demoro un poco más antes de desaparecer en el vacío final, pero este pobre hombre no debe quedarse sin respuesta."

Un Buda vive en libertad en su vida, y vive en libertad incluso en su muerte. Para él, la muerte no es más que un episodio como los demás episodios de la vida.

Kanzan escribió:

LA GENTE PREGUNTA EL CAMINO A LA MONTAÑA FRÍA.

¿MONTAÑA FRÍA? NO HAY CARRETERA QUE LO ATRAVIESE.

NI SIQUIERA EN VERANO SE DERRITE EL HIELO.

AUNQUE SALE EL SOL, LA NIEBLA ES CEGADORA.

¿CÓMO ESPERAS LLEGAR ALLÍ IMITÁNDOME?

TU CORAZÓN Y EL MÍO NO SON IGUALES.

SI TU CORAZÓN FUERA COMO EL MÍO,

¡ENTONCES PODRÍAS VIAJAR AL MISMÍSIMO CENTRO!

Kanzan dice que los seguidores no son necesarios. Seguir es una especie de imitación, no es humano. Pero hay una forma diferente de estar con un maestro y es sintonizar los latidos de tu corazón con los suyos. Entonces puedes viajar como un compañero de viaje al centro último de la existencia. Esto puede ser recordado como un criterio: si alguien trata de ser tu maestro, de una manera muy sutil está tratando de imponerte una esclavitud.

El auténtico maestro es maestro de sí mismo. No quiere seguidores, quiere amigos, companeros de compania, companeros de viaje, que esten dispuestos a estar en sintonia con su corazon, en sintonia con su vacio. Las personas que pretenden ser maestros y son seguidas por otros...

¡incluso cuentan!

Conocí a un shankaracharya y me preguntó inmediatamente: "¿Cuánta gente sigue tu filosofía?".

Le dije: "Ni tengo ninguna filosofía, ni he conocido a ningún seguidor. Tengo amigos en todo el mundo. Como mucho puedo decir que estoy enamorado de miles de personas. Sus corazones han llegado a cierta sincronía conmigo, pero no son mis seguidores".

Pero ese viejo shankaracharya dijo: "A menos que tengas seguidores, un gran seguimiento, no puedes ser contado como un gran maestro". Él dijo: "Yo mismo tengo cinco mil seguidores".

Le dije: "Puedes creer que eres un gran amo, pero según yo eres un gran creador de esclavos. Estás arrebatando la libertad a la gente. No puedes ser un simpatizante compasivo; en realidad estás presumiendo de tus seguidores del mismo modo que alguien presume de su dinero, alguien presume de su poder político. No eres un auténtico maestro".

Aquella noche, en Firozabad, tuve que hablar. El shankaracharya había convocado una reunión y me había invitado, sin saber mucho de mí. Y por la mañana, en la discusión, quedó claro que se había equivocado absolutamente al invitarme, porque en cada punto que discutí con él le dije: "Estás absolutamente equivocado".

En la reunión de aquella noche -debía de haber allí por lo menos cincuenta mil personas- había dispuesto que cuatro criminales estuvieran detrás de mí, para que si yo decía algo en contra de la tradición o de las escrituras, apagaran inmediatamente la luz y me golpearan todo lo que pudieran.

Pero su secretaria se preocupó un poco, así que vino a verme justo cuando me iba a la reunión. Me dijo: "Esta es la situación. Mi sugerencia es que no vayas, porque esta es su pura mente violenta. No pudo ganar ni un solo punto en la discusión de la mañana"—y se trataba de un pequeño grupo de sus grandes discípulos. "Es muy arriesgado que vayas".

Les dije: "No os preocupéis". Cuando llegué, dije a la gente allí reunida: "¿Veis a las cuatro personas que están detrás de mí? Son todos delincuentes, pertenecen a vuestro pueblo y sabéis perfectamente quiénes son. ¿Cuál puede ser el propósito de que estén detrás de mí? Su plan es que en cuanto empiece a hablar apaguen las luces y me peguen o me maten. ¿Qué es lo que quieren? ¿Debo empezar? ¡Sólo levanta las manos! No me importa mi vida, sólo me importa mi libertad. Si estáis dispuestos a escuchar, voy a hablar a cualquier riesgo. Pero puedes ver esta violencia en la mente de tu shankaracharya. Esta es su gente".

Esas cincuenta mil personas levantaron sus manos y gritaron que yo debía hablar, y "Si algo te ocurre, el shankaracharya no saldrá vivo del escenario".

Hablé y le golpeé lo más fuerte posible. Aquellos cuatro criminales -todo el mundo los reconoció; eran del pueblo- simplemente desaparecieron, porque aquello era muy peligroso; ahora no podían apagar las luces. Cincuenta mil personas estaban conmigo.

Y todos ellos eran realmente la gente del shankaracharya, pero podían ver que esto era pura violencia; no mostraba la inteligencia o la sabiduría de un viejo shankaracharya. Mostraba su estupidez. Si no podía responder, debía aceptar la derrota, pero esa no era la forma de comportarse. Y me había invitado a ir... desde Bombay fui a su casa. Estaba solo, toda la gente era su gente, pero incluso su gente podia ver que esa no cra la forma de actuar de ninguna persona iluminada.

La persona iluminada no es violenta. Y convertir a alguien en discípulo, según yo, es una violencia muy sutil. Estás destruyendo la individualidad de esa persona. Estás tomando su libertad en tus manos.

En este lugar todo el mundo es un individuo; nadie es superior y nadie es inferior. Es una reunión de personas que aman, de personas que buscan la verdad. Este tipo de reunión ha desaparecido del mundo. Estás viviendo estos momentos aquí conmigo, es casi el mismo clima que creó Gautam Buda, el mismo clima que creó Mahakashyapa. Es un aire diferente, es un aire donde el potencial de cada uno es respetado, amado. Donde la libertad de cada uno es el valor supremo.

Pregunta 1:

Maneesha ha hecho una pregunta:

NUESTRO AMADO MAESTRO,

ME RESULTA MÁS DIFÍCIL DESIDENTIFICARME DE MIS SENTIMIENTOS QUE DE MIS PENSAMIENTOS. PARECE QUE ESTO SE DEBE A QUE MIS SENTIMIENTOS ESTÁN MÁS ARRAIGADOS EN MI CUERPO.

¿DE HECHO, LOS SENTIMIENTOS ESTÁN MÁS CERCA DE LA CABEZA QUE DEL CORAZÓN VACÍO?

Se trata de una falacia creada por los poetas. Tus pensamientos, tus sentimientos, tus emociones, tus sentimientos, todo está centrado en tu cabeza. Es una falacia pensar que tus sentimientos están en el corazón. Tu corazón es sólo una estación de bombeo de sangre.

Cuando hablamos del corazón vacío, en realidad estamos hablando de la mente vacía.

Buda ha utilizado la palabra "corazón" en lugar de mente porque la mente se ha asociado con la idea de que es sólo el proceso de pensar, y el proceso de sentir está en el corazón, y el corazón es más profundo.

Estas ideas han sido creadas por los poetas. Pero la verdad es que puedes llamarlo mente vacía o puedes llamarlo corazón vacío; es lo mismo. La vacuidad - eres sólo un observador y alrededor no hay nada con lo que te identifiques, no hay nada a lo que te aferres. Esta vigilancia no aferrada es la mente vacía, la no-mente o el corazón vacío.

Son simplemente palabras. Lo real es el vacío—de todos los pensamientos, sentimientos, emociones. Sólo queda un único punto de testimonio.

Y te resultará difícil. Desidentificarse de los pensamientos es más fácil porque los pensamientos son más superficiales. Desidentificarse de los sentimientos es un poco difícil porque son más profundos, y están más arraigados en tu biología, en tu química, en tus hormonas.

Los pensamientos son sólo nubes flotantes. No están arraigados en tu química, en tu biología, en tu fisiología, en tus hormonas, son sólo nubes flotantes sin raíces. Pero los sentimientos tienen raíces, así que es difícil desarraigarlos.

Es fácil ser testigo de la teoría de la relatividad. Es difícil ser testigo de tu ira, tu amor, tu codicia, tu ambición. La razón es que están enraizados más profundamente en el cuerpo. Pero si puedes desidentificarte del cuerpo, no hay dificultad.

Y, Maneesha, siendo mujer es un poco más difícil. Hay diferencias entre hombres y mujeres....

Mulla Nasruddin estaba leyendo el periódico y, de repente, llamó a su mujer y le dijo: "He cazado cuatro moscas: dos son machos y dos hembras".

La esposa dijo: "Dios mío, ¿cómo te las arreglaste para saber su sexo?".

Me dijo: "¡Tranquilo! Dos estuvieron leyendo el periódico conmigo durante horas. Y dos estaban sentados en el espejo, completamente pegados".

Así que es un poco difícil. Pero ser testigo es una espada tan afilada que corta pensamientos, sentimientos y emociones de un solo golpe. Y ahora lo sabes por experiencia: a medida que profundizas en tu meditación, el cuerpo queda muy atrás, las emociones, los pensamientos... sólo queda el presenciar. Esa es tu auténtica naturaleza. El vacío del corazón del buda... cuando estás tan vacío, eres uno con el buda. Eres uno con todos los budas de todos los tiempos, pasados, presentes y futuros.

Pregunta 2:

Otra pregunta:

AMADO MAESTRO,

HACE POCO, DIJE QUE ME SENTÍA CONSCIENTE DE UN VACÍO INTERIOR, Y DE LO EXTRAÑO QUE ERA RELACIONARME CON LA VIDA SINTIÉNDOME ASÍ. ME SUGERISTE QUE ACTUARA TODAS ESAS COSAS QUE UNO TIENE QUE HACER EN LA VIDA COTIDIANA.

CUANDO NO ME ACUERDO DE ACTUAR, LA MAYOR PARTE DE MI COMUNICACIÓN CON LA GENTE -EN

MAYOR O MENOR MEDIDA- SE SIENTE ALGO ASÍ COMO EL CARNERO DE ENGO CON LOS CUERNOS ENREDADOS EN UNA VALLA.

PERO, AL RECORDAR ACTUAR, ME SIENTO DESVINCULADO DE LA GENTE; HAY UNA DISTANCIA CON LA GENTE, Y POR ESO NO ME AFECTAN. SIN EMBARGO, CURIOSAMENTE, CUANTO MEJOR ACTÚO COMO SI ESTUVIERA AMANDO, MÁS AMOROSO ME SIENTO.

¿PUEDE EXPLICAR ESTO?

Forma parte de hipnotizarse a uno mismo. Es una estrategia antigua: "Actúa como si amaras". Ese "como si" se olvidará pronto y empezarás a pensar que amas. Pero este amor es el amor del hipócrita.

No quiero que empieces con "como si". Sólo sé el buda... ¿por qué "como si"?

Mira a Sardar Gurudayal Singh. ¿Crees que se está riendo "como si"? Esto es una espontaneidad. No te estoy diciendo que hagas nada como actor. Sé auténtico, sé honesto, sé totalmente sincero sean cuales sean las consecuencias, pero nunca te muevas de tu centro de veracidad.

Ahora Gurudayal Singh se ha reído y tengo que contar un chiste. Él empieza y no puedo decepcionarlo.

"¿Qué hacen esos dos insectos, papá?", pregunta la pequeña Gertrude, que pasea por el jardín con su padre.

"Bueno", murmura su padre, "¿recuerdas lo que te dije sobre los pájaros y las abejas?

Eso es lo que están haciendo".

"Pero no son pájaros ni abejas", protesta Gertrude.

"Lo sé", dice su padre, "se llaman Daddy Long Legs".

"¡Oh!", dice Gertrude, pensando un rato. "Eso quiere decir", continúa, "que el de abajo es Mamá Piernas Largas, y el de arriba es Papá Piernas Largas".

"No, no es exactamente así, querida", responde su padre, "los dos son Papá Piernas Largas".

Gertrude se lo piensa de nuevo un momento y luego pisa los insectos.

"¿Por qué has hecho eso?", pregunta su padre sorprendido.

"¿Por qué?" repite Gertrude. "¡No voy a tener ese tipo de cosas en mi jardín!"

El sábado por la noche se produce un tiroteo en el O.K. Saloon, y el aire está cargado de balas de plomo.

De repente, las puertas se abren y entra un hombre que atraviesa la sala a grandes zancadas y se acerca a la barra. Inmediatamente, cesan los disparos.

El camarero asoma la cabeza desde detrás del mostrador. "Amigo", dice, "¡hace falta mucho valor para atravesar esos cañones ardientes sin mirar siquiera a izquierda o derecha!".

"En absoluto", responde el hombre, mirando a su alrededor, despreocupado. "¡Ya ve, le debo dinero a todo el mundo aquí!".

Olga Kowalski baja las escaleras rebotando entusiasmada con su nuevo traje de Kung Fu.

Kowalski la mira y se pasa la mano por la cara.

"¡Dios mío, Olga!" gime Kowalski. "¿Ahora qué estás haciendo?"

"Estoy tomando clases de Kung Fu", dice Olga, orgullosa, y, juguetona, corta el aire con la mano, dándole a Kowalski un puñetazo en el cuello.

"Es por si acaso", explica Olga, "algún demonio sexual intenta violarme en alguna noche oscura".

"¿Para qué molestarse?", comenta Kowalski, sorbiendo su cerveza. "¡Nunca oscurecerá tanto!".

"Y señorita Willing, ¿es éste el hombre", grita el astuto abogado Boris Babblebrain, y señala, "que usted afirma que la ha violado y se ha aprovechado por la fuerza de su cuerpo femenino, caliente, desnudo e indefenso?".

"¡Sí! ¡Sí!", grita excitada la Srta. Willing. "¡Ese es el hombre que me lo hizo!"

"Y, por favor, díganle al tribunal", continúa Babblebrain, con la nariz en el aire mientras se acerca a grandes zancadas al jurado, "¿cuándo ocurrió este acto carnal y eróticamente perverso?".

"Sí, señor", responde la señorita Willing. "Si no recuerdo mal, fue el pasado junio... ¡y julio, y agosto!".

Nivedano...

Nivedano...

Guarda silencio, cierra los ojos.

Deja que tu cuerpo se congele por completo.

Mira hacia dentro, como testigo.

La mente está ahí, el cuerpo está ahí, pero tú no eres ni la mente ni el cuerpo. Sólo eres un observador, un testigo puro. Este ser testigo es el camino hacia las fuentes de tu vida.

Cuanto más profundo se hace el testimonio, más se aleja la mente, el cuerpo; cuanto más se profundiza, más se acerca uno a una iluminación, a una explosión de luz.

De repente reconoces que eres un buda.

Todo alrededor es vacío. Justo en el centro tú eres el buda, el observador.

Nivedano...

Relájate, para que quede completamente claro que el cuerpo está separado, la mente está separada, tú sólo eres el testigo. En la vida, en la muerte, en todas partes eres un testigo.

Este testigo nunca muere.

Es tu eternidad.

Este es tu buda.

Recuérdalo... sólo lo has olvidado.

No es un logro, es solo un recuerdo. De ahí que sea fácil llevarlo a todas partes haciendo todo tipo de cosas, acciones, gestos... aún puedes permitirte una pequeña corriente de recuerdo de que eres un buda. Pero recuerda que no es "como si".

El buda es tu auténtica naturaleza.

Nivedano...

Vuelve, pero no vengas como has entrado. Ven con una nueva grandeza, con una nueva gracia, con una nueva dicha... con el sabor de tu auténtica naturaleza.

Has ido a tus propias raíces y esas raíces se hunden profundamente en el universo. Ahora te estás familiarizando con el camino... se hará más profundo cada día, más y más, a medida que reúnas valor, a medida que empieces a sentir más paz, más silencio, más transformación.

Tu recuerdo de ser un buda continuará, sentado, caminando, despierto o durmiendo.

Este es el tesoro mas grande que puedes encontrar en el universo—este corazon vacio del buda.

¿De acuerdo, Maneesha?

Sí, amado Maestro.

¿Podemos celebrar la reunión de los budas?

¡Sí!